Theodor Däubler (1876–1934) gehört zu den Dichtern, denen nach den Jahren des Ungeistes keine Wiederentdeckung beschieden war. Die vorliegende Auswahl aus seinem lyrischen Werk bringt nicht nur die schönsten Verse aus Däublers Gedichtwerken *Der sternhelle Weg* (1915), *Hymne an Italien* (1916) und *Attische Sonette* (1924), sondern stellt in repräsentativer Auswahl auch die wesentlichen lyrischen Stücke aus Däublers großem Epos *Das Nordlicht* (1910) vor, in dem Gnosis und Dichtung sich zu visionärer kosmischer Schau vereinen.

Wieland Herzfelde schrieb in der Neuen Jugend 1916 über den Dichter: »Er nimmt intuitiv die Wesenheit aller Erscheinungen und Vorgänge unter einer feststehenden Perspektive wahr: Sie vermitteln ihm Erkenntnis, sie beweisen ihm seine intuitive Welterklärung. Und mit dem unverhängten Mittel der Sprache formt er den Geist, den ihm die Sinne offenbaren: Seine Gedichte zeugen nicht von Beobachtung, sondern von Wertung: Er legt das Wesen und die Beziehungen des Seins bloß. Sich hat er endgültig überwunden, daher beschäftigt er sich nicht mit den Menschen, sondern beschäftigt sich mit ihrem, der Tiere, Sterne, Winde, Blumen, des Meeres und des Turmes leuchtendem Kerne, dunklem Wollen. Nicht liebt er das Leben, er liebt die entschleierte Mystik des Seins; nicht speist er die Herzen, er weckt die Seelen. Seine Sprache ist die der schlafenden Kinder, der Nilquellen, der Mondsichtigen – die der Zungenredner, der singenden Kometen, der Gesteinigten, Verlästerten, zu Gottes Füßen Gelagerten.«

Der Band wird ergänzt durch ein ausführliches Nachwort des Herausgebers und die vollständige Bibliographie des Däublerschen Werkes.

Der Herausgeber:

Harald Kaas, geb. 1940 in Eger. Studium an der Hochschule für Gestaltung in Ulm. Gedichte und Prosa in Zeitschriften, Hörspiele, Rezensionen. Zahlreiche Aufsätze und Radio-Essays zur Literatur, zur Philosophie und über Probleme der Schizophrenie. Im Carl Hanser Verlag 1979 erschienen »Uhren und Meere« (Erzählungen).

Theodor Däubler
Der sternhelle Weg und andere Gedichte

Herausgegeben und
mit einem Nachwort von
Harald Kaas

Carl Hanser Verlag

ISBN 3-446-14284-3
Alle Rechte vorbehalten
© 1985 Carl Hanser Verlag München Wien
Umschlag: Klaus Detjen
Gesamtherstellung: Mühlberger, Augsburg
Printed in Germany

Der sternhelle Weg

Herkunft

In einem Land, wo alle Wesen traumhaft schauen,
An einem blauen Wundermeer kam ich zur Welt.
In einer Au, die ihren Tag verborgen hält,
Begann mein Schauen seinen Rätselturm zu bauen.

Aus jedem Antlitz glühte hilfloses Vertrauen.
Hat sich ein Träumen sanft zu meinem Traum gesellt,
So blieb es lauschend wie von Seelenlicht umhellt,
Und unser Staunen wich vor einem Weltergrauen.

Ich glaube noch an jene blassen Morgenmeere!
Auf einmal blickt mich, was ich nie bemerkte, an.
Mein Sang, der unter Psalmen laut begann,
Entflügelt mir zu Träumen ohne Ort und Schwere.

Der Garten

Ich sah meine Heimat durch blühende Ranken,
Durch schneeweiße Kirschbäume leuchtet das Heim.
Der Flieder verinnigt uns Frühlingsgedanken;
Narzissen am Nesterrain lächeln geheim.

Der Morgen verjünglingt den Nachtigallweiher.
Ich liebe die glühenden Lauben im Tau.
Die Rosen entflammen zersilberndem Schleier,
Erblaut ist die Wonne, voll Sonne die Au.

Die Mandeln erblühen wie kindliche Wangen,
Erst schüchtern, verlegen, oft wundervoll rot.
Die Äste, mit nassen Glizinien behangen,
Beträumen ein Taudiamantangebot.

Es lacht unsre Heimat im Glitzern der Wicke:
Sie weckt aller Wesen umrätselten Tod.
Sie nickt aus der Nelke beseligtem Blicke:
Die Heimat umblaut sich für Sonnengeschicke.

Die Führer

Mit warmer Sonnenhut umgolden sich die Fichten.
Millionen Silbertropfen flimmern in die Tiefe.
Wie froh die Sprudel jeden Sprung zum Waldsee richten,
Es ist, als ob die Schlucht von Lust und Jubel triefe.

Das Mondgebirge kann den Silberschmuck verschenken:
So heißt es, weil dort oben große Büffelherden
Auf einmal Pflüge bis zum Abgang lenken,
Und sieben Hörner blank am Himmel sichtbar werden.

Im Tau der Talnarzissenwiese singen Kinder:
Ihr Lied verklärt der Helden fernes Talentsteigen.
Im Silberharnisch kamen sie als Riesenüberwinder,
Und unbekannte Bäume folgten ihrem Schweigen.

Die Hörner seltner Rinder trugen sie beim Wandern,
Das Volk erspähte sie des Nachts auf steilen Kämmen;
Da waren sie allein und sprachen doch mit andern,
Vielleicht den Ahnen von verwandten Heldenstämmen.

Verliebter Fluß

Verliebter Fluß, wie unbehelligt wir uns gleichen.
Zu Feld und Blumen schmiegst du dich vergnüglich hin.
Wir sollen unsre Waldvertraulichkeit erreichen,
Da kommt mir froh und leicht die Sonne in den Sinn.

Ich kann nicht fort, da muß es beiden gut gefallen.
In meiner Kühle tummelt sich der Entenschwarm,
Und Krebse fühle ich wie lebenswarme Schnallen,
Sie halten mich am Strand; mir wird so sonnigwarm.

Du Fluß, du mußt mein Spiegelbild umblauen,
An meinem Atem liegt es einem alten Baum.
Die Quellenlust mag mich aus Fischlein her beschauen:
Ich glaube an den Schwan wie an den besten Traum.

Durch unsre Nähe, Wachteln, wird das Reh geboren.
Sein Dasein kennt sich sanft im Wald den Bach entlang.
Des Windes Knistertritt am Saum geht nie verloren;
Mir wird im Reh um mich, um Specht und Blätter bang.

Bäume

I
Die Fichte

Der Fichte nächtlich sanftes Tagbetragen
Belebt Geschickeswürde kühn im Wald.
Kein Zweiglein kann in ihrer Waltung zagen,
Die ganze Nacht gibt ihrem Atem Halt.

Es scheint ein Stern an jedem Ast zu hängen.
Des Himmels Steile wurde erst im Baum.
Wie unerklärt sich die Gestirne drängen!
Vor unserm Staunen wächst und grünt der Raum.

Ihr himmlisches Geheimnis bringt die Fichte
Den Blumen, unsern Augen fürstlich dar,
Ihr Sein erfüllte sich im Sternenlichte,
Sie weiß bei uns, daß Friede sie gebar.

Was soll der Weltenwind im Samtgeäste?
Die Fichte weicht zurück und spendet Rast.
Ein Baum, der alle Sterne an sich preßte,
Bleibt groß und segnet uns als guter Gast.

II
Die Buche

Die Buche sagt: Mein Walten bleibt das Laub.
Ich bin kein Baum mit sprechenden Gedanken,
Mein Ausdruck wird ein Ästeüberranken,
Ich bin das Laub, die Krone überm Staub.

Dem warmen Aufruf mag ich rasch vertraun,
Ich fang im Frühling selig an zu reden,

Ich wende mich in schlichter Art an jeden.
Du staunst, denn ich beginne rostigbraun!

Mein Waldgehaben zeigt sich sommerfroh.
Ich will, daß Nebel sich um Äste legen,
Ich mag das Naß: ich selber bin der Regen.
Die Hitze stirbt: ich grüne lichterloh!

Die Winterspflicht erfüll ich ernst und grau.
Doch schütt ich erst den Herbst aus meinem Wesen.
Er ist noch niemals ohne mich gewesen.
Da werd ich Teppich, sammetrote Au.

Oft

Warum erscheint mir immer wieder
Ein Abendtal, sein Bach und Tannen?
Es blickt ein Stern verständlich nieder
Und sagt mir: wandle still von dannen.

Dann zieh ich fort von guten Leuten.
Was konnte mich nur so verbittern?
Die Glocken fangen an zu läuten,
Und der Stern beginnt zu zittern.

Heidentum

Ich möchte wandern. Nackt verschwinden, schwimmen.
Stets weiterschwimmen, Frauen treffen, minnen.
Mich geben wie das Wasser: abwärtsrinnen.
Die Flut befragen. Schwimmend immer weiter klimmen.

Im weichen Wasser wohnen Wunderstimmen.
Sie wollen mich für ihre Glut gewinnen.
Sie sind im Nebel. Noch im Tropfen drinnen.
Ganz innen kann auch kaltes Wasser glimmen.

Die Wellen wollen sich in mich verlieben.
Wer ist bei mir geheimnisvoll zugegen?
Nur wir! wenn alle Wünsche leicht zerstieben.

Ich will mich in der Flut zur Ruhe legen.
Die Wellen tragen meine Kunden weiter:
Selbst alle Schwermut überschäumt sich heiter.

Sommergebet

Es prangen Granatäpfelranken im Garten
Und blühen so warm wie das Tagesverglühen.
Zypressen wie riesige Schattenstandarten
Beginnen im Garten die Nacht zu verfrühen.

Wir heben die Arme empor zu dem Brande:
Ich tauche wie nackt bis zum Herzen in Flammen.
Mein Wesen erschaut sich im Blütengewande:
Auch ich blute auf mit den Baumbräutigamen.

Du Sonne in Scharlach, mit purpurnen Schleppen,
Entfunkelst mir unter Granatäpfelranken.
Ich komme zu dir auf lebendigen Treppen,
Ich gleiche der Abende bebendem Danken.

Ich werde ein Wahn und sein Wallen in Wangen,
Ich bin des Granatapfels fieberndes Blühen,
Die Sprühwürmchen sollen ihr Funkeln empfangen:
Verkündet, entzündet sie, Brüder, im Glühen!

Goldene Sonette

I
Vertändelt ist das ernste Gold der Garben.
Auf alten Mauern schlafen rote Schlangen.
Die Jagd auf Wanderwild hat angefangen,
Der Tagesabgang schweißt durch Wolkennarben.

Das Jahr vollendet seinen Kranz der Farben.
Die Lauben sind mit Schattenblau behangen,
Der Äcker Todesgold ist aufgegangen:
Wie wahr, daß wir schon alle lange starben!

Ich kann dem Frühlingsbrüten nicht vertrauen.
Und doch, das Wunder wird so bald geschehen:
Die Luft erholt sich bloß auf trocknen Auen.

Es kommt die Sonne, unser Wohlergehen.
Das Frühlingsgrün ist heimlich ein Erblauen:
Es gibt ein unerfülltes Auferstehen.

II
Der Tag ist wie ein Kindlein eingeschlafen.
Sein Lächeln überspiegelt goldnes Träumen,
Der Wiegewind vereinsamt sich in Bäumen,
Und Bäume überrauschen blau den Hafen.

Entzweite Schwestern, die einander trafen,
Beplätschern sich im heitern Abendschäumen,
Dann nahen sie als Schwan mit Feuersäumen
Und landen unter Marmorarchitraven.

Auch meine Segeleinfalt ist versunken.
Ich warte stumm auf dunkelm Stufendamme
Und staune, daß die Brandung blau verblutet.

Mein Blick. Ein Stern. Des Meeres Purpurfunken.
Wie gut die Nacht durch meine Ruhe flutet.
Bedachtsam wandelt sich die Hafenflamme.

Winter

Geduldig ist der Wald,
Behutsamer der Schnee,
Am einsamsten das Reh.
Ich rufe. Was erschallt?
Der Widerhall macht Schritte.
Er kehrt zurück zu seinem Weh.
Das kommt heran wie leise Tritte.
Er findet mich in meiner Mitte.
Warum hab ich den Wald gestört?
Vom Schnee ward nichts gehört.
Hat sich das Reh gescheut?
Wie mich das Rufen reut.

Schnee

Nun setzt der Schnee sich leicht wie Silberbienen
Sehr stumm auf jedes weggewelkte Blatt.
Da ist auf einmal auch der Mond erschienen,
Er überflügelt die gestirnte Stadt.

Den ersten Schnee erblicken Kinderaugen,
Dann schlafen bald die Kleinen strahlend ein.
Die Jüngsten träumen schon beim lieben Saugen,
Und was sie anweht, lächelt sanft und rein.

Von zarten Mullbehängen hoher Betten
Entflockt und lockert sich nun oft ein Stern,
Dann andre Sterne, die sich hold verketten,
Von solchen Dingern träumt das Kindlein gern.

Ein altes Weib voll Harm und weißen Haaren
Sitzt noch beim Rocken sorgenvoll und spinnt.
Es spinnt sich blind, kann nichts gewahren:
Der Mond ist fort. Obs nun zu schnein beginnt?

Vor grellen Fenstern und Laternen schwirrt es,
Die Silbermücken finden keine Rast.
Nun tönt Geklirr, die Stimme eines Wirtes.
Der erste Schlitten bringt den letzten Gast.

Das wirbelt, schwirbelt finster immer weiter,
Und kühler Schlaf besänftigt das Gemüt.
Auf einmal blicken trübe Träumer heiter,
Ein Schwerentschlummern hat sich ausgemüht.

Der Mond wird nimmer durch die Schleier blicken,
Die Silberblüten sinken viel zu dicht.
Ein Fieberschwacher weiß nicht einzunicken:
Es schneit auf seinen Leib und das Gesicht.

Der Schnee, der Schnee, es fallen kalte Spinnen
Auf eines Alten Bart und Lockenhaar,
Nun schneien selbst des Krankenbettes Linnen,
Den Fiebernden bedeckt sein Eistalar.

Die tiefste Milde legt sich in die Falten
Des Antlitzes: nun ist der Greis erstarrt:
Auch Träume Traumermüdeter erkalten.
Nun friert es gar. Der Schnee wird langsam hart.

Kalte Nacht

Der Schnee auf den Bergen ist kindlich und heilig.
Er scheint mir des Flutens verzücktes Erschaudern.
Die flüchtigen Vögel berühren ihn eilig;
Ihr Ruhen auf Schnee ist ein fiebriges Zaudern.

Es darf bloß der Mond solche Reinheit betasten.
Mit silbernden Launen verziert er die Hänge.
Dort oben, wo eisbehaucht Mondseelen rasten,
Besinnt sich die Nacht alter Totengesänge.

Ich nahe euch nicht, o verhaltene Geister!
Ich mag den Vernunftturm am Gletscherrand bauen.
Von dort können Traumkäuzchen angstloser, dreister
Hinab auf Gespensterverschwörungen schauen.

Sie fliegen zu Fichten in nebelnden Furchen,
Zu Tauhauchen, die in den Windecken frieren,
Ins Dickicht mit mondtollen Finsternislurchen:
Zu plötzlichen eisgrellen Schneerätseltieren.

Der tote Lehrer

Vom lieben Monde blickst du noch hernieder.
Als Silberspinne wiegst du jedes Blatt.
Du blinkst und fliegst, du bist das Lichtgefieder
Der Taube, die das seltne Zartsein hat.

Du bist die Stille vor dem Sternenfrieden,
Die auch im Winde lebt, in Linden, oft im Licht.
Du bläulichst sanft in leichten Perlenunterschieden,
Du bist der sachten Andachtsherkunft Taugesicht.

So sieh mich nicht so deutlich an, ich leide!
Von manchem Schimmerblatte kennst du mich genau.
Ich leide: nun bemerkt mich wohl die ganze Heide.
Ich gipfle bald aus Scham im eignen Traumesbau.

Ich liebe dich in jedem kleinen Tiere.
Jetzt zitterst du mir nach. Du kennst mich immer mehr.
Wenn ich dabei das Wittern um mich selbst verliere,
So rette mich. Du Glanz. Dein Glanz ist mir zu schwer.

Wie flimmerst du so nah! Du triffst mich in die Seele.
Blauäugelst du? Wer blickt mich alt und herzlos an?
Ich weiß ja, daß ich Tier bin, schlecht bin, mich verfehle.
Dein Strahl ist Stahl. Du hältst mich hart im Bann.

Ich kann nicht weg. Ich stehe zwischen hellen Flüssen.
Ich bin ein Tier. Es hält mich eine Kette fest.
Gespenst, laß ab, mit den gepreßten Silberküssen,
Die du so fest, zu fest auf mein Erdulden preßt.

Ich trachte das Geklirr mit Macht vom Leib zu reißen.
Doch etwas hält mich fest. Vielleicht ein blauer Gaul?
Ich wills versuchen, mich von Klammern freizubeißen,
Doch ich verwirre mich in einem Knotenknaul.

Diadem

Die Bogenlampen krönen Sonnenuntergänge,
Ihr lila Scheinen wird den Abend überleben,
Sie geistern schwebend über lärmendem Gedränge.
Es muß verglaste Früchte andrer Welten geben!

Beschwichtigt nicht ihr Lichtgeträufel das Getöse?
Ich kann das Wesen dieser Lampen schwer vernehmen.
Die Sterne scheinen klug, der Mond wird gerne böse.
Warum erblaßt du unter Sternendiademen?

Die Gasse

I
Flügellahmer Versuch

Es schweift der Mond durch ausgestorbne Gassen,
Es fällt sein Schein bestimmt durch bleiche Scheiben.
Ich möchte nicht in dieser Gasse bleiben,
Ich leid es nicht, daß Häuser stumm erblassen.

Doch was bewegt sich steil auf den Terrassen?
Ich wähne dort das eigenste Betreiben,
Als wollten Kreise leiblich sich beschreiben,
Ich ahne Laute, ohne sie zu fassen.

Es mag sich wohl ein weißer Vogel zeigen,
Fast wie ein Drache trachten aufzusteigen,
Dabei sich aber langsam niederneigen.

Wie scheint mir dieses Mondtier blind und eigen,
Es klopft an Scheiben, unterbricht das Schweigen
Und liegt dann tot in Hainen unter Feigen.

II
Katzen

Es silbern Mondflocken durchs Fenster nieder.
Auf bleichem Teppich spielen weiße Katzen,
Mit silberblauen Augen, Seidentatzen.
Beinah gebrechlich sind die feinen Glieder.

Ich klatsche, lache, schließe meine Lider.
Doch bleibt das nahe Katzenhaschen, Kratzen.
Auf einmal raschelt es in den Matratzen,
Und blasse Kleider gibt der Spiegel wider.

Ich wußte wohl, sie würden lautlos spielen.
Wie sind die Katzen und die Kinder zierlich.
Sie balgen sich auf den beglänzten Dielen.

Das große Kind ist nackt und doch manierlich,
Die Kleinen tragen blaue Mondlichthemden.
Wie mich die Augen und ihr Schmuck befremden.

III
Der Kakadu

Ein Streifen Mondschein fällt durch eine Scheibe
Auf einen weißen Riesenkakadu,
Er krümmte sich vor Stunden schon zur Ruh
Und wälzt nun wirre Träumerei im Leibe.

Erst blaut in ihm der Schreck vor einem Weibe,
Dann folgt im Nu bedrückendes Getu.
Nun kommt der Bub. Der neckt ihn, nickt ihm zu
Und zeigt die Zunge rot ins Traumgetreibe.

Jetzt schlägt der Vogel kreischend einen Reifen
Und blickt der blanken Scheibe in den Schlund.
Dann fängt sein Schreck an schlotternd auszukneifen.

Dann nickt er ein: der Mond spuckt Kirschen aus,
Er neckt ihn, lacht, verrenkt den Mund.
Und kriegt dafür von irgendwo Applaus.

IV
Die Droschke

Ein Wagen steht vor einer finstern Schänke.
Das viele Mondlicht wird dem Pferd zu schwer.
Die Droschke und die Gassenflucht sind leer:
Oft stampft das Tier, daß seiner wer gedenke.

Es halten diese Mähre halb nur die Gelenke,
Denn an der Deichsel hängt sie immer mehr.
Sie baumelt mit dem Kopfe hin und her,
Daß sie zum Warten sich zusammenrenke.

Aus ihrem Traume scheucht sie das Gezänke
Und oft das geile Lachen aus der Schänke.
Da macht sie einen Schritt, zur Fahrt bereit.

Dann meint sie schlafhaft, daß sie heimwärtslenke,
Und hängt sich an sich selbst aus Schläfrigkeit,
Noch einmal poltern da die Droschkenbänke.

Regen

Die Sonne hat nur kurz das nasse Tal umschlungen,
Die Pappeln rauschen wieder, neckisch spielt der Wind.
Des Baches Schwermut hat gar lang allein geklungen,
Der Wind ist pfiffiger als ein vergnügtes Kind.

Die Wolken wollen kommen. Alles wurde rauher,
Die blassen Pappeln rascheln wie bei einem Guß.
Die nassen Weiden faßt ein kalter Schauer,
Gewaltig saust die Luft, beinahe wie ein Fluß.

Nun soll der Regen kommen! Und es gieße wieder!
Der Sturm ist kraftbegabtes Lautgebraus,
Der Regen bringt die Rhythmen heller Silberlieder,
Die Pappeln wissen das und schlottern schon voraus.

Dem nassen Tal entwallen kalte Atlashüllen,
Und auch die Nebelhauche tauchen raschelnd auf.
Der Wind beginnt die Flur mit Wispern zu erfüllen,
Die Pappeln biegen sich, das Grau nimmt seinen Lauf.

Herbst

Der erste Schnee liegt leuchtend auf den Bergen,
Die schwarzen Vögel wuchten funkelnd auf,
Die Welt wird ihren Schmerz nicht mehr verbergen.
Das Dasein silbert hin im Sterbenslauf.

Die Jäger knallen, was noch atmet, nieder.
Das tote Jahr vermacht uns einen Rausch,
Wir Menschen hoffen sinnlos immer wieder,
Der Wein umnebelt uns beim schlechten Tausch.

Der reife Herbst beginnt die Trauben zu durchblauen,
Der Wind verwebt in Wipfeln Licht und Liebe,
Die guten Blumen, die verwundert aufwärtsschauen,
Erzählen unsern Wunsch: wenn alles traumhaft bliebe!

Gib mir die Hand, Geduld, Geduld, wir werden warten.
Bemerkst du nicht, wie Blatt auf Blatt vom Himmel fällt?
Bestärke unsern Händedruck im Laubengarten:
Wir wollen warten, wenn Geduld uns fromm erhält.

Geduld, Geduld, wir halten dich mit weißen Händen.
Verwelkt und rot zerblättert das Kastanienlaub.
So warten wir, es steigt ein Stern aus Blätterwänden.
Der Wind ist weg, die Bäume werden taub.

Einblick

Weine nicht, Jungfrau Marie,
Du kannst die Menschen nicht retten.
Schaukle dein Kind auf dem Knie,
Als ob wir noch Fröhlichkeit hätten.
Doch sind wir uns selbst überlassen
Und bringen uns bei, den Heiland zu hassen.

Blaß bist du, Jungfrau Marie.
Noch blässer als an dem Tage,
Da man den Herrgott bespie,
Denn nun gilt einzig die Frage:
Wie wäre das Heil zu entbehren
Und schmerzlich die Freude zu mehren?

Arm bist du, Jungfrau Marie.
Du kannst dich nicht mehr verhüllen.
So sichtbar warst du noch nie.
In dir soll der Trost sich erfüllen.
Man kann nicht die Armen entfernen,
Du wirst sie mit Demut besternen.

Späte Nacht

Die Weiden entleuchten dem mondholden Weiher,
Begehrliche Windwünsche silbern heran,
Verschmiegbare Äste durchfunkelt die Leier,
Denn hoch steht die Stunde, die taublau begann.

Der einzige Nachen beperlt sich mit Spitzen.
Es lenkt ihn ein Knabe mit blutgutem Mund.
Er muß wohl beim Rudern die Seiden zerschlitzen,
Doch lang graut sein Samtblick dem See auf den Grund.

Das Vogelgezwitscher kann lebhaft beginnen,
Die Leier wirft Munterkeitsfunken herab.
Die aufrechten Fische verkünden das Minnen,
Die Toten entsteigen mit ihnen dem Grab.

Das Siebengestirn wird den Atem bewachen.
Der heimliche Knabe kehrt seufzend nach Haus,
Die Schwermut der Sterne beruhigt ein Nachen,
Wer schlaflos war, stürzt durch ein Traumesgebraus.

Mittag

Die Sümpfe verglühen ihr Hühnergeflügel,
Die Enten beschwingen den flockigen Glast,
Sie tragen die Seele vom alten Morast
Empor in die jugendlichgrünenden Hügel.

Ein Nachen begleitet die langsame Stunde,
Das Rudern bei Seerosensonne ist schwer.
Libellen besorgen den Schwebeverkehr
Der Schilfdickichtinseln: es grünt ihre Kunde.

Am Meere

Ich stehe in Frieden am silbernen Meer.
Die Stille verdeutlichen Silberdelphine.
Was unterdunkelt das heilvolle Schweigen?
Alles entzückt sich.

Götter, beschreitet ihr wieder die Höh?
Das Mittelmeer bleibt und belacht seine Würde.
Sohn dieser Weihe, du solltest erbeben!
Horche und leide.

Dämmerung

Am Himmel steht der erste Stern,
Die Wesen wähnen Gott den Herrn,
Und Boote laufen sprachlos aus,
Ein Licht erscheint bei mir zu Haus.

Die Wogen steigen weiß empor,
Es kommt mir alles heilig vor.
Was zieht in mich bedeutsam ein?
Du sollst nicht immer traurig sein.

Der Nachtwandler

Naht mir gar nichts auf den Spitzen,
Leise wie ein Geisterhauch?
Licht fällt durch die Mauerritzen,
Was du fühlst ist grauer Rauch,
Jedes Ding kriegt Silberschlitzen,
Und es klingt und knistert auch.

Ja, jetzt wirst du fortgetragen!
Tür und Fenster gehen auf.
Bleiche Tiergespenster wagen
Gleich mit dir den Traumeslauf;
Glaubst du dich in einem Wagen,
Bauscht sich unter dir ein Knauf.

Auf der Kante des Verstandes,
Über, unter der Vernunft,
Fühlst du jedes Totenlandes
Wunderheilge Wiederkunft,
Deinen Gang am Daseinsrande
Schützen unerfaßte Bande.

Der Dreiviertelmond ging unter.
Oder spürst du nur kein Licht?
Doch! Ein Geisterchor wird munter,
Und du merkst ein Teichgesicht,
Das dir blauer, tümpelbunter,
Grün gar, ins Bewußtsein sticht.

Silbersilbig wird jetzt alles.
Hände hat so mancher Baum,
Des geringsten Eichelfalles
Wirkung grinst im Weltenraum.
Alles klingt zu eines Balles
Unversuchtem Rundungstraum.

Leise! Denn geträumte Träume
Halten dich zu leicht im Raum.
Eben treten Schauersäume
Blau und panisch in den Traum.
Halte dich an deine Bäume!
Faß dich, denn du fühlst dich kaum!

Perseus

Das Schlangenhaupt der Zweifelfurcht ist abgeschlagen.
Nun stehst du nackt, geburthaft nackt, in wüsten Weiten.
So gehe fort, auch ohne fortzuschreiten!
Du mußt das Feindeshaupt bis an dein Ende tragen.

Du fühlst dir nun das eigne Trauerspiel entragen.
Dein Ich betrifft dich nicht, da Geister dich begleiten
Und Helden ihre Möglichkeiten vorbereiten,
Um dann entnächtigt, über dich gezückt, zu tagen.

Ich lasse mich von einem Schlangenhaupt zerfleischen.
Ich achte meine Beute, darf sie nicht verwerfen.
Die Schlangen beißen, beißen, und ich darf nicht kreischen.

Die edeln Sinne werden sich noch weiter schärfen.
Das Fleisch ist wild zernagt, und Gift traf meine Seele,
Ich stehe als Gespenst und schreie ohne Kehle.

Mein Sohn

Ich habe einen Sohn: er ist ein Krüppel.
Auch ich, der traumbeschwerte Sturmdurchpilgrer, habe einen Sohn.
Er spürt der Dorfbewohner rauhe Knüppel.
Ich fühle nichts. Kaum meines Sohnes Leid und Hohn.

Er haßt mich wohl. Er muß entsetzlich leiden.
Er weiß an allem, was er durchmacht, bin ich schuld.
Ich bleibe kalt, der Traurige von beiden.
Denn er ist kindisch und entschmeichelt Frauenhuld.

Ich lebe fort, obwohl ich längst verscheide.
Er nähre sich, bestehe durch des Vaters Einst,
Empfange Gunst, da ich sie nie erleide.
Mein Sohn, erzähle mir, was du vom Vater meinst.

Ich habe einen Sohn. Er kriegte Kinder.
Von denen kann ich bald vergessen sein.
Fürwahr, ich sorge für den eignen Überwinder.
Mein lieber Sohn, du sollst dich meiner Ernte weihn.

Mein Sohn ist dreißigjährig, soll es bleiben!
Als man mich siebenjährig nannte, hab ich ihn erkannt.
Bald fing er an, was ich begriff, zu schreiben.
Er ist ein Krüppel. Aber jung. Als Jüngling festgebannt.

Messalina

Die Wache wandelt vor dem Kaiserzelte.
Ein halbes Flackern streift die nackten Nebel,
Der Mohrenhauptmann mit dem Silbersäbel,
Den mein Befehl vor unsre Ruhe stellte,
Wird unter Bannerträgern stumm beharren,
Bis laute Stunden durch die Täler knarren.
Wird friedlich die gesternten Fahnen siegen!
Zu ihren Stimmen werden Pilger beten.
Wer wagte es, an mich heranzutreten?
Um Sonnen sollen sich Kometen schmiegen!
Noch hat kein Aal in mir sich festgebissen,
Doch uns gehört die Finsternisgebärde
Der zugesumpften alten Feuererde:
Ich kann das glatte Tier nicht lange missen!
Soldaten! Überfällt mich eine Ratte?
Der Staub hat sich in meinen Bauch gefressen.
Beinah ein Aas, doch bissig noch, vermessen,
Bis ich das alte Tier im Leib bestatte!
Der Henker soll die Rattenfalle packen,
Die Bartgestalt vor mir zu Tod verletzen.
Den Vorhang auf! Gesteht das Sternentsetzen!
Ein Drache krallt sich in den Riesennacken
Von breiten längst verzuckten Silberwelten.
Die toten Berge krümmen sich im Bogen,
Da kommen Sternengeier angeflogen,
Doch sie ergreifen ihre Beute selten:
Ein Mann! Ich kann den Anschlag nicht ertragen!
Verteidigt meine Brüste gegen Sonnen!
Des Weibes Wunde wird die Welt verklagen,
Sie blutet fort und hat noch nie begonnen.
Verhängt das Zelt! Ich atme unter Stufen,
Ich höre Jünglinge herübertreten;
Ihr seid willkommen und doch ungerufen,

So habt den Gang von schweigsamen Kometen.
Du Heißgeliebter, leg mir deine Hände
So schwer wie Kupfer auf die blauen Brüste,
So fühle ich durchsüßt die beiden Brände
Und deiner Jugend sternende Gerüste.
Wie weit du reichst, ich darf dich kaum umklammern.
Dein Jubel kann in meine Flanken schweifen.
Den eignen Leib, nun muß ich ihn begreifen!
Da treten Wachen aus versunknen Kammern,
Sie sollen mein Geheimnis lechzend wissen,
Von Wollustwölfen wird die Brust zerbissen!
Die Decken weg! Gestirne kühlen Wunden!
Wie sanft, die Sonne lachend zu erheben!
Wie leicht die Sterne zwischen Zähnen schweben:
Ich seufze unter losen Wollusthunden.
Den Mond erhalte ich von einem Knaben.
Sein schwacher Atem kräuselt Silberschmerzen,
Das schmale Boot beträufeln Jubelherzen,
Von allen Fingern funkeln Freudengaben:
Mein Schlaf ein Kind, der Mann ist das Erwachen,
Die Sterne töten sich in meinem Lachen!

Verloren

Ach, ich habe dich auf einem Stern verloren.
Seiderauschend zogst du einst an mir vorbei,
Und ich war und wußte bloß den wehen Schrei:
Wo wirst du für mich und ich in dir geboren?

Lebst du, Meine, unter schwerverschloßnen Toren?
Mütter trennten, brachen uns vielleicht entzwei.
Kennst du deiner Schwermut blasse Ahnenreih?
Was du wurdest, hat sich wider mich verschworen.

Ach, du hast dich selber von dir losgeschaffen.
Trägst du mich gewiß in guten Abendarmen?
Sollt ich mich aus einem Abschied selbst erraffen?

Meine Ferne, kann ich ganz zu mir verarmen?
Sah ich dich? ach, dieses war ein Kaumerinnern,
Zufall, Wirrnis bei den klaren Mittagsspinnern.

Erklärung

Ein blasser Hauch durchschreitet Marmorhallen,
Die unten irgendwo zum Meere führen.
Wohl scheint ein Laut von Wellen herzurühren,
Ein Traum? ein Wittern? mit dem Winde Wallen?

Dem Schatten ist ein Becken aufgefallen,
Und schon verführts ihn, Flammen anzuschüren.
Nun öffnen sich des Saales Flügeltüren,
Und alle Hallen fangen an zu schallen.

Erschaute ich das Wandeln einer Seele?
Sie ging verwaist wie unvermutet weiter.
Ihr bangte bloß, daß sie ein Horcher quäle.

Ihr Trauertraum verschmäht die Saalbegleiter.
Ich darf mich nie nach dieser Seele sehnen,
Sie ging und kam, mich flehend abzulehnen.

Gesicht

Die Träume werden von den Fischen fortgetragen.
Wir strömen schlafend in die Zuflucht der Kristalle.
Du wandelst dich in einer klaren Wanderhalle:
Das Wogen um den Fisch ist eigensanftes Wagen.

Wir werden silberblau vom Mondfisch fortgetrieben.
Der Mond ist unter uns: wir dürfen schlafhaft reiten.
Die Wandelwände gleichen sich auf sieben Seiten:
Wie wahr die Wasserwürfel sich durch uns beschieben.

Die hergeträumte See wird selbst zum Sterne werden.
Wir sind ihr wachsam auf den Berg zuvorgeschritten,
Gelangten zu der Seele ungeheuern Mitten:
Wir kehren heim und unterträumen eigne Erden.

Darum ist unser Alp so drückend schwer zu kürzen.
Wir müssen Schreckensgipfeln auf dem Atmen spüren.
Zurück zum Traum mit seinen flinken Flügeltüren:
Wir werden dieses Meer zu den Kristallen stürzen.

Geheimnis

Der Vollmond steigt auf steilen Kupferstufen
Sehr rasch ins taubeblaute Feigenland.
Ein Tier, das starb, hat ihn emporgerufen:
Ein Vogel? Streichelt ihm die Silberhand?

Nun ist der liebe Mond zu sich gekommen:
Beruhigt kann er unter Menschen sein.
Die Junikäfer sind verliebt erglommen.
Jasmingeruch betäubt die Todespein.

Dann wieder hat ein Tier im Busch gewimmert.
Es schrie sogar! nun ist es bloß der Wind.
Nur still, wie gut die Silberampel schimmert,
Der Mond ist Wald und Wesen hold gesinnt.

Als Vogel ist er einst davongeflogen;
Er sollte Künder sein von Trost und Glück!
Dann sind ihm weiße Tauben nachgezogen:
Der Mond kehrt nie in Gottes Hand zurück.

Wende

Auf den steilen Bergen, zwischen Silberwolken,
Hab ich meinen Frieden, meinen Weg erfaßt.
Glocken tönten in den Tälern, sangen in die Sonne:
Morgen war es und das Träumen ging zur Rast.

Meere nebelten vorüber, blaue Stunden stiegen höher,
Gaben mir den eignen Schatten zum Geleit.
Einsamkeit beschlich die Berge, aus den Felsen trat die Trauer:
Für den Mittag hielt ich mich allein bereit.

Weg

Mit dem Monde will ich wandeln:
Schlangenwege über Berge
Führen Träume, bringen Schritte
Durch den Wald dem Monde zu.

Durch Zypressen staunt er plötzlich,
Daß ich ihm entgegengeh.
Aus dem Ölbaum blaut er lächelnd,
Wenn michs friedlich talwärts zieht.

Schlangenwege durch die Wälder
Bringen mich zum Silbersee:
Nur ein Nachen auf dem Wasser,
Heilig oben unser Mond.

Schlangenwege durch die Wälder
Führen mich um einen Berg.
Oben steht der Mond und wartet,
Und ich steige leicht empor.

Landschaft

Rote Mühlen stehen an verschneitem Ufer:
Grüne Wellen tragen Eis statt gelben Schaum.
Schwarze Vögel, Unglückskünder, Unheilrufer,
Hocken hoch und schwer in einem hohlen Baum.

O wie viele Tiere im Gezweige nisten:
Meine bösen Stunden aber sind noch mehr.
Sorgenvögel müssen dort ihr Leben fristen:
Spähen durch die Silberäste hin und her.

Und ich weiß es nicht, ist so etwas ein Traum?
Denn ich baue ihn empor, den kahlen Baum!
Doch die fremden Vögel kamen ungerufen:
Ich kenne keine Fernen, die sie schufen.

Plötzlich drehen sich die Räder meiner Mühlen:
Bloß für einen Augenblick erbraust der Sturm.
Jetzt muß ich die Vögel in mir selber fühlen:
Weiter schleicht der eisgefleckte Wasserwurm.

Das Lied vom Tierkreis

Getroffen! Eine Welt getötet.
Das tiefste Licht ward urerrötet:
Aus Sternenbrüsten stürzt es auf!
Sichelmonde fangen an zu sprechen:
Lanzenstern und Pfeil, in steilem Lauf,
Können Weltwächter erstechen.
Altar und Krone glimmen wieder:
Der Mann in Gott ist da,
Und er würgt die Drachen nieder:
Der Stern Antares funkelt »Ja«.
Ares flackert auch und droht
Als Flammenwort. Um uns. Und rot.
Es kommt der Sternenkrieg:
Erwach, Skorpion, in mir!
Du schreckliches gestirntes Tier,
Ich bringe dir den Sieg!
Planeten, Schicksalsungeheuer, sterbt!
Mit seinem Sternenstachel kommt ein Mann
Und streckt euch nieder. Den Bann
Der Sterne bricht der Mensch und erbt
Das letzte Licht. Ihr Sterne übt Verrat
An Sternen. Heil, Skorpion!
Ich bin geschlechtlich: Tier. Bin Himmelssohn!
Zurück Kometenschrecken, der mir naht.
Ich selber habe auch einen Kometenarm,
Ich habe meine goldne Faust und habe einen Lanzenstern.
Du feindliches Gestirn, mit dem Kometenschwarm,
Ich halte dich von mir und meiner Erde fern.
Wir kämpfen frei, als hochberechtigt, Stern und Stern.
Ich sauge tiefes Licht aus meinem ewgen Kern.
Kometenschlange, würgst du mich?
Ich bin ein Sternenstachel, spürst du's, sprich?
Du würgst mich ab von meinem Leib.

Ich aber bleibe frei, in mir ist heller Urverbleib.
Wo ist das Weib?
Mein Weib: die finstre Welt.
Sie bleibt allein, bis sie zerschellt.
Doch nein, ich halte dich, so klammre dich an mich.
Was tut der Sturz! Erlischt mein Licht?
Wenn nur das Ich nie mit zusammenbricht.

So hör dein Heil! beginnt der Sang der Sterne leise:
Zur Weltberuhigung ward unserm Geist der Leib.
Das Weib schenkt dir das Urgewicht, den Weltverbleib.
Und deine Seele schäumt durch freie Stromgeleise.

Es bleibt das All durch starren Erdenwahnsinn weise.
Auf diesem blauen Stern setzt sich der Aufruhr ab.
Vernimm auch hier das Wort im fremden Geistertrab:
Gespenster rütteln uns auf der gestirnten Reise.

Mein Arzt in Gott, du hast des Menschen Welt erschaffen,
Daß unser Schlaf ein Ziel verwirrter Wesen sei
Und auch der Traum Verlornen Herberg leih,
Da Menschen allen Daseinsabfall an sich raffen.

Doch starb der Allerlöser einst auf diesen Schollen,
Drum weilen auch erhöhte Geister hier zu Gast.
Sie tragen froh für Christi Taufe Leib und Last
Und wollen aus dem Staub dem Worte Ehrfurcht zollen.

Nun schweigt der heilsame Skorpion. Es glimmt die Wage.
Der Wurm aus Sternen gibt uns Schrecknis durchs Geschlecht.
Ich weiß, daß ich im Jubel, durch ein Schöpferrecht,
Den eignen Todesstachel über Sterne trage.

Des Richters Stimme dröhnt. Doch ewig glüht die Wage.
Belasten keine Schale Ichgewichte schwer?
Versinkt denn nicht durch Menschensturz das Sternenheer?
Der Gnade Gold tritt auf der anderen zutage.

Jungfräulich sei das Wort ins Werk emporgenommen.
Wer sich nicht ewig weiß, verfällt der eignen Angst.
Entschloßner Geist, der du nach Sterngeschicken bangst,
Du bist zum Ich durch tiefste Urgeburt gekommen.

Die Jungfrau hält die Ährensonne in der Linken.
Durch harte Arbeit sei der neue Tag erbracht.
Ein Mond erglimmt. Mein Einblick durchs Gehirn erwacht.
Du fühlst dein einsam Licht bei deiner Göttin blinken.

Der Weltenlöwe brüllt mit seinen hohen Sonnen,
Der Sonne, die in Menschenherzen aufgeht, zu:
Entflammt das Wort! Gelangen wir zur Demutsruh,
Die Funken fängt, so ist die Tat durch uns begonnen.

Der Rabe kam beim Acker bang vorbeigeflogen.
In seinem Schatten ward das Unheil mitgesät.
Der Leu jedoch gelobt, daß unser Tun gerät.
Auch in die Seelen reifen goldne Erntewogen.

Nun schöpfe Atem, Mensch! Umpanzre deine Lunge.
Gestirntes Antlitz sei dir ruhiger Genuß.
Der Krebs bringt dich zu dir, hält Blut in Glut und Fluß.
Gerechtes Strömen wägt die Sterne streng im Schwunge.

Des Bären Ruf erwidert fern dem Wüstenbrüllen:
Dein Rundgang, Löwe, bringt des Südens lautes Spiel,
Verstumme ich, so weise ich das stille Ziel:
Des Adlers Kronenflug wird sich zu höchst erfüllen.

Mein Atem ist bewacht. Nun darf ich Gott betrachten.
Gesegnet und auch gut ist, was ich brünstig tu.
Drum greife ich mit beiden Armen willig zu.
Dein Ich, mein Du: wir sollen uns zu helfen trachten.

Der Hund wird munter unsern Schritt begleiten.
Den ersten Himmelsernst verlassen wir vereint.
Doch kennen wir den Weg, solang uns Sirius scheint:
Du wirst mich für die eigne Wallfahrt vorbereiten.

Du Zwillingspaar, läßt uns auf Doppelwegen glühen.
Capella und Orion sollen wir erspähn:
In uns das Heil erwartend, zu Gestirnen sehn.
Ans Herz die Sonne pressen: jüngste Sterne glühen!

Ihr Zwillingshände, könnt das Frühjahr noch verfrühen.
Es ward uns Freiheit für die kühngedachte Wahl.
Wir greifen zu: ein Werk geschieht mit einemmal!
Wie freudvoll, sich ums Licht der Erde zu bemühen!

Es fordert zur Bereitschaft uns die eigne Stimme auf.
Aldebaran erflammt. Die Stierkraft schafft den Hals.
Das Wort verbirgt sich jetzt in einem Wirbelknauf.
Propheten geben Namen, sagen dir den Herrn des Alls.
Der Apis brüllt erkannt in unsre jüngste Welt.
Wer pflügt? Die Milchstraße erkeimt, aus uns besät.
Von innerm Gold ist auch des Menschen Stern erhellt:
Zum Wagen wird der Bär. Des Nordens Thron gerät.
Ein unsichtbarer Vogel trägt das Wort empor:
Er ist geheimnisreich und unsichtbar dem Blick.
Den Horst, den er in der Andromeda verlor,
Gebar sein Wesen für ein deutliches Geschick.
Er legt die sieben Welteneier der Plejaden,

An unsrer Milchstraße erhabenen Gestaden.
Und Perseus steigt, von Algol hochemporgerissen,
Sowie der Mensch erscheint, Andromeda entgegen.
Wie er sie freit, wird jede Finsternis zerschlissen.
Der Wunderstern ist da! Deneb im Schwebeschwan!
Auch Arktur! Selbst die Vega auf entfernten Wegen!
Und Alkor, Mizar, Altair, Aldebaran,
Auch Hamal, Regulus, Antares sind bewußt.
Durch eines Sternenpaares Lust, in Menschenbrust!
Dann flammt das Lamm.
Wie Mira winkt!
Das Dreieck blinkt.
Nun, Geist, entflamm!
Als Bote Gottes bleib uns mild.
Der Widder wird ein stilles Bild.
Der goldne Flor geht über mir verloren.
Das Lamm hat ihn den Schollen zugedacht.
Sein Leuchten sei in sanften Seelen angefacht.
Die Erde wird vom All zum Heil erkoren.
Von stiller Sternenschar bewacht, ist uns des Menschen Sohn
   geboren.
Gestirnte Tiere haben sich beraubt.
Von Perseus ward der Kopf Gorgonas abgeschlagen!
Es führen Götter Kriege. Viele sind verstaubt.
Auch Sterne sterben. Ja, sogar die Sagen.
Doch Pfingsten strahlt aus deinem Haupt.
Nun kann sein ewges Leuchten tagen:
In mir hat sich der Sternenbaum belaubt.
Es sprüht die alte Glut
Violett um gutes Purpurblut.
Im himmlischen Geäst
Erglimmt zum höchsten Fest,
Gehüllt in goldnen Flor,
Ein großes Sonnennest:
Das Wort schwebt steil empor.

Nun halten uns des Sternenhimmels breite Fluten.
Aus ihnen tauchen, blaß wie Monde, stumme Seelen.
In blauem Ei kannst du dich selbst darin vermuten:
Doch sehn' ich mich nach allerklarsten Sternjuwelen:
Sie glimmen schon heran: es sind die Fische.
Wie treu sie uns emporversternen.
Aus ihrem Feuer weht unendlich tiefe Frische.
Wir wollen Heiligkeit in ihrem Wesen lernen.
Die eignen Füße spüren sich zuerst gehoben.
Du fühlst den tiefen freien Atemzug.
Wenn Sterne den erstandnen Christus loben,
Entkernt dein Wesen sich, im Ei, zum Flug.
Der Walfisch wälzt sich unter dir.
Doch hast du noch der eignen Fische Spitze nicht erreicht.
Erhebt sich hold der Pegasus? Oder du schwebst vielleicht?
Der Erde goldnes Mähnentier
Gebar der Sprung zum Sturm,
Die Finsternis im Hier
Und Ungeduld im Wurm.
Hoch über mir lebt der Delphin.
Du merkst sein Durch-die-Wellen-fliehn.
Aus dem gestirnten Ozean
Entsteigt der Adler und entschwebt der Schwan.
Und höchsten Äthers Melodieen
Sind dir von Vega, durch die Leier,
Voll heilger Huld, verliehen.
Und Herkules, der Sternbefreier,
Um Bär und Drachen unbekümmert,
Entwindet sich dem Schlangenträger,
Der seinen Leib mit Wunschwellen beschimmert.
Vom Gürtel tiefster Jugend träumst du schon,
Du wünschst doch: um die Jungfrau läg er!
Dann kommt mir Arktur näher. Er wird reger.
Und unten schweigt uns der verschwundene Skorpion.

Das Nordlicht

Prolog

Es sind die Sonnen und Planeten, alle,
Die hehren Lebensspender in der Welt,
Die Liebeslichter in der Tempelhalle
Der Gottheit, die sie aus dem Herzen schwellt.

Nur Liebe sind sie, tief zur Kraft gedichtet.
Ihr Lichtruf ist urmächtig angespannt.
Er ist als Lebensschwall ins All gerichtet,
Was er erreicht, ist an den Tag gebannt.

Ein Liebesband hält die Natur verkettet;
Die Ätherschwelle wie der Feuerstern,
Die ganze Welt, die sich ins Dunkel bettet,
Ersehnt in sich den gleichen Ruhekern.

Durch Sonnenliebe wird die Nacht gelichtet.
Durch Glut und Glück belebt sich der Planet.
Die Starre wird durch einen Brand vernichtet,
Vom Meer ein Liebeswind verweht.

Wo sich die Eigenkraft als Stern entzündet,
Wird Leben auch sofort entflammt;
Und wenn die Welt sich im Geschöpf ergründet,
So weiß das Leid, daß es dem Glück entstammt.

So muß die Erde uns mit Lust gebären:
Und wird auch unser Sein vom Tag geschweißt,
Die Sterne können uns zu Gott belehren,
Verheißen, daß kein Liebesband zerreißt.

Wir sehn das Leben uns die Jugend rauben:
Es ängstigt uns das Alter und der Tod,
Drum wollen wir an einen Anfang glauben
Und schwören auf ein erstes Urgebot.

Doch bleibt die Ruhe bloß ihr Ruheleben!
Nichts ist verschieden, was sich anders zeigt;
Und vollerfüllt geschieht der Geister Beben,
Auch in uns selbst Natur, die sprechend schweigt!

Beständigkeit wird der Gewinn der Starre,
Doch es ereilt, zermürbt sie Ätherwut;
Und bloß der Geist ist da, daß er beharre,
Da er als Licht auf seiner Schnelle ruht.

Zwar sucht der Weltwurf immerfort zu dauern,
Und er umrundet drum den eignen Kern;
Er kann zum Schutz sich selber rings umkauern,
Doch ist sein Wunsch nicht ewig, sondern fern.

Wohl mag die Welt das Weiteste verbinden,
Der Geist jedoch, der aus sich selber drängt.
Kann urhaft Riesenkreise um sich winden,
Daß überall sein Wirken sich verschenkt.

So sind die Welten immerfort entstanden.
Doch da sich Ewiges dem Ziel entreißt,
Entlösen Sterne sich aus Sternenbanden,
Was die Unendlichkeit im Sein beweist.

Ja Liebe, Liebe will sich Welten schaffen.
Bloß Liebe, ohne Zweck und ohne Ziel:
Stets gleich, will sie stets anders sich entraffen,
Und jung, zu jung, bleibt drum ihr letztes Spiel.

Denn glühte durch das All ein Schöpferwollen,
So hätte *Eine* Welt sich aufgebaut,
Und traumlos würden Geister heller Schollen,
Im klaren Sein, von ihrem Dunkelgrund durchgraut.

Die Vorsonne

Ich bin der Glaube an die Macht der Sonnen,
Und meine Inbrunst zeitigt alle Strahlen!
Ich walle aus mir selber in die Zahlen
Und halte mich von Ewigkeit umsponnen.

In mir erschöpfen nimmer sich die Bronnen;
Mein Ich entstammt ja festen Wahlen
Der Ringnatur in ihren Wandelqualen:
Drum werde ich. Doch hat mich nichts begonnen!

Ich bin! und weil ich bin, so will ich leben.
Und da ich leben will, bin ich ein Wesen:
Doch ewig nur, als wahrstes Sein und Streben!

Ich bin nur ich in meinem Micherlesen,
Und um zu werden, muß ich mir entschweben,
Denn nur auf mir beruht das Urgenesen.

NAMENLOS SIND MEINE LIEDER,
Sagbar kaum, wie sie entstehn,
Laute tauchen auf und nieder,
Bis sie klar zusammengehn.

Endlich freuen mich die Rhythmen,
Die ein Lied sich ausgewiegt,
Und ich will mich ihnen widmen,
Ihre Stimmung hat gesiegt.

Würde ich durch die Gefühle
Tiefer Liebe überrascht,
Hätte ich im Truggewühle
Alles Wirkliche erhascht.

So vertrau ich meinen Liedern
Nur die wahrste Sehnsucht an.
Kann ein Wesen sie erwidern,
Steh ich schon in einem Bann?

Meine gutgemeinten Worte,
Zieht denn hin und immer fort;
Horcht an manchem fernen Orte,
Ob ein Herz, ein Strauch verdorrt!

Lispelt leiser als die Blätter,
Daß kein Schmerz euch überhör,
Seid der letzten Hoffnung Retter,
Fädelt euch durchs feinste Öhr.

Findet ihr ein keusches Wesen,
Das euch wirklich ganz vernimmt,
O, so kann ich fern genesen:
Plötzlich werd ich gut gestimmt.

Namenlos sind meine Lieder,
Soll ich ihnen widerstehn?
Mein Geschick klingt drinnen wieder,
Was da kommt, ist schon geschehn!

Der Mond umfasst die Glieder eines Knaben,
Und seinen Leib bedecken Perlenschnüre.
Ist das Verzückung, starres Lustgehaben?
Die Schatten dauern still wie Liebesschwüre!

Der Mond will sich am weißen Marmor halten,
Als Weltruine liebt er kalte Gesten:
Das Felsgestirn sucht weithin in den Spalten
Der Erdromantik noch nach hehren Resten!

Der Grieche scheint die Mystik einer Seele
Dem toten Lichte völlig darzubringen,
Dafür empfängt sein holder Leib Juwele,
Die aus der Geisterwelt herüberklingen.

Ein Schein wie Milch umfließt die weißen Glieder,
Und Iristropfen schimmern aus dem Steine.
Selene fleht und tritt zum Jüngling nieder:
Mir ists, als ob sie küssend ihn beweine.

Jetzt scheint das Licht sich schweigsam zu beleiben
Und fast die stillen Glieder zu erweichen:
Nun wollen beide stumm in Glück verbleiben
Und bloß in meinem Liede sich erreichen.

SAHST DU NOCH NIE DEN FALL der Leoniden?
Wenn Sterne lautlos durch den Äther zittern
Und ringsum sich beim Sturze noch zersplittern,
Erkennst du doch den großen Wunsch nach Frieden?

Blick auf die Vögel! Ziehen sie nach Süden,
So scheinen sie, vereint, kein Arg zu wittern.
Doch kann ein einzger Sturz den Zug erschüttern,
Denn gleich fühlt sich der ganze Schwarm ermüden.

Dich konnt ich durch ein tiefes Wort erlangen,
Denn du ergabst dich plötzlich ungewußt,
Und Scham und Liebe quoll in deine Wangen;

Jetzt glüht dein Fühlen hold an meiner Brust.
Bald kann ich dich in voller Glut umfangen,
Denn Ruhe sucht urschließlich jede Lust.

DIE NACHT IST EINE MOHRIN, eine Heidin!
Sie nähert sich soeben ruhevoll Venedig,
Und dort bereitet man sich laut zu einem Feste,
Um hohe Gäste hold und huldvoll zu empfangen.
Am Himmel seh ich winzge Purpurwölkchen prangen,
Schon hat der Wind sie wie Lampions gekräuselt und gezapft,
Und eben zucken auch die ersten Sternlein auf:
Da ists, als wollten sie den Wölkchen sanft sich nähern,
Um sacht das Licht der bunten Lämpchen zu entzünden.
    Die Nacht ist eine Mohrin, eine Heidin!
Nun tritt sie stolz, mit silberheller Mondessichel,
Im Abendlande durch Venedigs Pforten ein.
Wie würdevoll sie unterm Sternenbaldachine,
Der höher als der edle Schmuck der Mondessichel schwebt,
Nun übers Meer, mit wollustfreudger, gütger Miene,

Sich immer weiter hebt und unser Ruheglück belebt!
  Hoch übersprühen ihre Schleierhüllen Prachtsmaragde
Und ihren untern Saum und die Sandalen Blutrubine:
Vier schöne Königssöhne tragen ihren Baldachin:
Zwei Bleichgesichter ziehen still in weißem Seidenkleid voran.
Das Wams ist goldbetreßt. Sie tragen einen viola Mantel
Und müssen stets, wenn sie das Abendland beschreiten,
Aus Anstand, einen Schurz um ihre Lenden breiten.
Doch hinter ihrer Königin erscheinen holde Mohren
Und tragen ihr der Herrschaft herrliche Insignien nach,
Das Zepter gar ist wunderbar, besetzt mit vier Planeten!
Von vorne sind sie schwarz und nackt, doch überwellt in holder
    Pracht
Das erste Morgenrot, als Mantel, ihre finstern Rücken!
  So bringen sie den Baldachin, den schönen, sternbesäten,
Und können drum, voll Königssinn, den Westen stolz betreten.
  Die Nacht ist eine Mohrin, eine Heidin!
Die Mondessichel glänzt und glimmt
Als Silberschmuck auf ihrer kühlen Stirn,
Und ihre volle nackte Brust befächelt sacht
Ihr blasser Sklave Zephir mit dem Wolkenfächer:
Der ist aus Flaum und leichtem Nebelschaum:
Jetzt färben ihn die letzten Abendgluten,
Auch kräuselt ihn sein Eigenwind,
Da ihn der Sklave, schwebend, fächelt.
  Belustigt das die Königin,
Denn seht, wie jugendlich sie lächelt?
  So bunten, grellen Federnputz
Erreicht in schriller Farbenreih
Allein der Schmuck vom Papagei,
Wie eben ihn in voller Pracht
Der Abend auf dem Flaum entfacht,
Wo selbst das Röteste und Allerblauste
Der Wind geschmackvoll zueinanderkrauste!
  Die Nacht ist eine Mohrin, eine Heidin!

Mit nacktem Busen, bloßem Bauch
Betritt sie nun die holde Stadt Venedig.
Sie trotzt dem fremden Christenbrauch:
Der starkbehaarte Teil der Scham
Ist jeder Überhülle ledig.
Sie bleibt bei uns, so wie sie kam,
Und um sie her wird auf die fremden Weisen froh gelauscht,
Den Schamteil merkst du kaum, von toller Dunkelheit berauscht.
Der Mohrin Nachtsang klingt im Raum:
Man schmückt und ändert rasch den Schleiersaum,
Den dieses Weib so üppig durch Venedig schleift,
Daß sein Besatz noch weithin die Lagune streift.
Mit Flammengarben aller Art,
Mit Purpurzungen, blutgen Flecken,
Mit manchem fahlen, halbverblaßten Bart
Will sich Venedig seinen Schleierrand bedecken.
Am Lande wird das Flammenband,
Nach alter Art, als langer Flammenrang, gewahrt,
Den Zauber aber müssen Meerreflexe erst erwecken!
Frohlocken will die ganze Stadt!
Mit langgezognen Kantilenen,
Mit eigentümlich süßlicher Musik,
Mit Tönen, welche Lüste nur ersehnen,
Mit Trommelstreichen wie im Krieg,
Mit Lustfanfaren nach dem Sieg
Mag man die Mohrenkönigin empfangen:
Und wenn sie schon berauscht vorbeigegangen,
So heften wir auf ihre Schleppe Purpurspangen.
Ist sie dann fort, kriecht alles Glutgewürm zur Rast:
Die Flammenschlangen, die der Menschenhand entstammen,
Verbergen sich vor uns, in großer Hast:
Und tiefverringelt im Morast,
Muß ihre Brut wie Aale grau verschlammen,
Und auch der Schwarm von grünen Feuerfröschen
Wird bald im dunklen Sumpf verlöschen.

Jacopo Bellini

Wahrhaftig, die Trauer der salzigen Meere
Erwacht uns in Jesu, dem herrlichen Knaben.
Er öffnet den Mund zu erstrahlenden Gaben:
Die Welt überglüht seine menschliche Lehre.

Das Weltherz ist klar, wie der Schmerz einer Zähre.
Und Sterne, die nur noch ein Muttermeer haben,
Empfangen Gescheiterte, um sie zu laben,
Denn dort enttauchen wir einst, – sanft, ohne Schwere.

Maria, die Kummer der Engel erlitten,
Blickt still auf die Wunder des leuchtenden Kindes
Und hofft, für die Unschuld der Menschen zu bitten.

So wünscht euch die Reinheit des künftigen Windes!
Er weht und er naht uns mit meerfeuchten Schritten:
Er hilft euch, als Hauch eines Lichtangebindes.

Italien, deiner hohen Seelen Prozessionen
Bewandeln lang den Bach bei Nachtigallenschlag.
Sie nicken mir: zu Tal, wo leise Menschen wohnen!
Dort weil' ich still: ein Kind, das Himmlisches vermag.

Wie sanft, mein Herr, sind deine goldnen Sternenworte:
Und welches Wunder! Frauen hören sie im Schlaf!
Ein guter Traum erglimmt im nahen, kleinen Orte:
Ein Sohn sogar? Ob Gott dich oft im Dorfe traf?

Zypressen wissen nichts vom Wind: hier ist der Friede!
Wär uns ein Ölbaum hold in Sorgsamkeit ergraut?
Sein Silberflimmern liebt den Mond in meinem Liede:
Ich lisple kaum. Er bleibt um mich. So sacht: o Braut!

Verliebte Milde birgt die Seele eingeschleiert.
Du Weiser: Silberbaum. Du tiefste Zuflucht: Weib.
Seid sacht in diesem Sang aus Mondstrahlen gefeiert!
Verhauche Ölbaum nun. Hier wird mein Lied zum Leib.

Italien, Lavaland, von Meeresblendungen umspiegelt,
Vom Ölbaume, des Mondes Lispellied bezittert,
Wann wird dein frommer Aufruhr gottzu vorgewiegelt?
Ich bitte, Herr, daß in den Hütten Geist gewittert!

Der Schlag der Nachtigall durchklagt die Urbsruinen.
Zypressen deuten unsern Wuchs: »Den Sternen zu!«
Der Ölbaum ist als Friedensherold dort erschienen:
Bei hoher Sonne lobt sein Mondwort holde Ruh.

Ihr Mondgespenster, Ölbäume auf hellen Wiesen,
Ersternte Menschen, nordlichtstarke klar am Tag,
Hat Sanftmut mich von dieser Welt zu mir gewiesen?
Durchtage ich die Nacht, durch sachten Herzensschlag?

Empfingen wir des Mittelmeeres stille Milde?
Verspielter Spiegelseen linden Kräuselwind?
O segne, Mutter Gottes, heiter wellende Gefilde,
Du Ruhe unter uns, die wir verwildert sind.

Zypressen – Umzüge bei weißen Leichensteinen –
Durchsternen Rom. Zu sichrer Friedensferne hin?
Dir bebt die Hand – das Lid! Wozu den Schmerz zerweinen?
Die Ewigkeit ist dieses Sterbenssternes Sinn.

Ach Ewigkeit, du Kind in unsrer Lebenswiege,
Die Schaukelnden sind wir: der Wechsel Lust und Leid.
Erschaudern dauert! Fordert Fahrten, Furcht und Siege:
Der Mann sei froh zu Freiheitsfreiungen bereit.

Zypressen – Umzüge zu alten Glaubensstätten –
Besternen Hügel schroff und fort, von Ort zu Ort.
Auf Berge scheint sich Kircheneinsamkeit zu retten:
Lebendge Obelisken fordern hoch das Wort.

ZYPRESSEN GABS IN MEINER KINDHEIT wildem Garten.
Von Pinienflügeln kam mein Blick zum Silbermeer.
Ich konnte traumhaft eine Wallfahrt nicht erwarten:
Vom Nile summten Stimmen um mich her.

Bei Sturmgedunkel folgte ich, im Mond, vom Fenster,
Den Seglern märchenfroh auf ihrer Nebelfahrt.
Und als ich schlafen wollte, habe ich Gespenster
Auf meinem Bette oft, wie weißgebahrt, gewahrt.

Durch Kraft im Herzen bin ich rasch allein geblieben.
Im Traum, zu Haus, verspielt ich mich mit buntem Licht.
Doch morgens hieß es schroff: auf Weltwegen zerstieben.
Du Jugend, erste Jugend, furchtbares Gericht!

Zypressen knisterten durch unsern wilden Garten.
Ich fühlte ihr Geheimnis, sah sie sorgend an.
Ich hoffte seltsam, daß sie meiner, wissend, harrten,
Dann lief ich ihnen fort: mir bangte oft vor ihrem Bann.

NACH RUHE WEHT das Weltverlangen!
Die Schöpfung stirbt um ihren Kern.
Doch kannst du nur dein Ich umbangen:
Kein Herz gebiert den Ankunftsstern.

Der Himmelsbau blaut ohne Ende,
In dich getieft und jenseitsfrei:
Wohin die Kühnheit sich auch wende,
Umschließt uns eine Sternenreih.

Gestirne suchen ihre Mitte:
Den Todesstern im Weltenraum!
Sie atmen zu uns ewge Schritte,
Versprühn dabei den Lebensschaum.

Ihr Starrsinn sucht sich zu erfüllen,
Was Schutz erheischt, verkrümmt sich: rund.
Planeten konnten sich erknüllen,
Doch schürt noch Glut in ihrem Schlund.

Das Feuer wird die Schranken brechen!
Einst reißts die Klammern jäh entzwei:
Wenn Flammen den Granit durchstechen,
Durchdonnert ihn ein Lebensschrei!

Ein Glutstrom stürzt, nach der Verwundung
Der Rippen, aus dem finstern Ball.
Denn unterwühlt ward seine Rundung
Durch eignen, innern Flammenschwall!

So wälzen ruhlos sich Gestirne
Durchs mittellose, freie All,
Und runzeln sie die Felsenstirne,
So ahnen sie den Weltverfall.

Doch weiter glaubensheiter schreiten
Die Sterne auf der Bahn des Seins:
Die Rundsucht und die Urflucht streiten
Ums »Fort!« aus dem Ellipsen-Eins!

Ein Anfang, der noch nie bestanden,
Wird so, und froh, weil jung, versucht:
Nach ewigen Ellipsen-Banden
Strebt Geist, der seine Welt verbucht!

In sich verschlingt das Ei die Strahlen:
Die Ewigkeit, des Sturzes Wucht.
Es beugt sich rund zu Ursprungsqualen,
Und seine Mutter ist die Flucht.

Zwischen lauter lauten Unken,
Boten alter Pein und Qual,
Zieht nun Orpheus sternentsunken
Westlich durch ein feuchtes Tal.

In der heitern Dämmerferne,
Wo die Waldeswehmut schweigt,
Sieht er, wie der Kranz der Sterne
Leise, sacht – sich niederneigt.

Ja! Die Nacht wird flimmerdichter,
Bunte Gluten löschen aus.
O! Die holden Himmelslichter
Leuchten uns im Vaterhaus.

Orpheus ist die Nacht vertrauter,
Und er deutet ihre Pracht,
Seine Wälder rauschen lauter,
Wenn ihr Flüsterwind erwacht.

Sie erzählen und verschweigen,
Wenn Geheimheit sie durchweht,
Worte, die der Nacht entsteigen,
Und die Orpheus nur versteht.

So, jetzt läßt er Blättersätze
Sacht an sich vorüberziehn,
Ach, er weiß, um alte Schätze
Blieb das Wittern ihm verliehn.

Orpheus kennt des Windes Wesen,
Weiß des Waldes Lispellied,
Auch ums Meer ist er gewesen,
Als der Geist noch Menschen mied.

Seine Seele liebt die Stürme,
Denn auch sie will flügge sein:
Baut der Geist sich steile Türme,
Setzt die Luft den Falk hinein.

Winde, Raubvögel ergänzen
So der Wünsche stolzes Werk,
Ja, sie finden und bekränzen
Es, wie Wolken einen Berg!

Nun wird von des Wildes Seelen
Orpheus sacht ein Traum gesagt,
Auch die künftgen Wesen quälen
Sich so schwer auf einer Jagd.

Mag ein Herwehn sich gestalten,
Da der Wind so lautlos sank:
Hat der Wald ihn angehalten?
Auch der Sänger atmet bang.

Orpheus kann den Wind verstehen!
Ach, der Saus kam von der See:
Wimmern barg sein sachtes Wehen:
Er brach ab! Gewirrt von Weh.

Wie den Wogen schnell entritten,
Schwankte, kehrt er hilflos um!
Und jetzt knisterts unter Schritten:
Wohl ein Reh? – Nun alles stumm! –

Mein Grab ist keine Pyramide

Mein Grab ist keine Pyramide,
Mein Grab ist ein Vulkan!
Das Nordlicht strahlt aus meinem Liede,
Schon ist die Nacht mir untertan!
Verdrießlich wird mir dieser Friede,
Der Freiheit opfre ich den Wahn!
Die Künstlichkeit, durch die wir uns erhalten,
Den Ararat, wird meine Glut zerspalten!

Der Adam wird zu Grab getragen,
Und übrig bleibt sein Weltinstinkt.
Der baut sich auf aus tausend Marmorsagen:
Ich selbst, ein Schatten, der zur Arbeit hinkt,
Vermag bloß um den Ahnen tief zu klagen,
Da er durch mich, im Schacht, um Fassung ringt.
Das Grab, das er sich aufbaut, ist sein Glaube,
Daß ihm Vergänglichkeit das Urbild nimmer raube!

Ich fühle, stolzer Erdenvater,
Dein Leid, das die Gesetze sprengt:
Ein Drama denkst du im Theater,
Das tausendstufig dich umdrängt.
Du atmest Freiheit aus dem Krater,
Der furchtbar sich zusammenengt:
Auf Deine Grabesruhe trachte zu verzichten,
Dann wird dein Herzensstern die Welt belichten!

Ich selber bin ein Freiheitsfunke,
Das Gleichgewicht ertrag ich nicht!
Hinweg mit dem Erfahrungsprunke,
Ich leiste auf mein Grab Verzicht!
Die Gnade schäumt im Urgluttrunke,
Als Übermaß ins Weltgericht.

Doch das will ich mit meinem Schatten halten,
Ich träume Euch, befreite Erdgewalten!

Mein Grab ist keine Pyramide,
Mein Grab ist ein Vulkan.
Mein Hirn ist eine Funkenschmiede,
Das Werk der Umkehr sei getan!
Kein Friede klingt aus meinem Liede,
Mein Wollen ist ein Weltorkan.
Mein Atmen schaffe klare Taggestalten,
Die kaum erschaut, den Ararat zerspalten!

Schwäbische Madonna

Ich glaube fest an Gott und an die ewige Gnade!
Jungfrau Marie, auch dich, o Mutter, liebt mein Herz.
Du bist in mir ein Traum und eine Wehmutslade:
Voll Demut lege ich vor dich die Furcht, den Schmerz.

Jungfrau Marie, der Tau der Ähren ist dein Schleier.
Die blonden Felder sind dein goldnes Sonnenhaar,
Die Liebe meiner Mutter deine Weihnachtsfeier,
Und meine Unschuld, Mutter, ist dein Weihaltar.

Jungfrau Marie, ein Mittagsfeld ist deine Stirne.
Dein Auge mein Verstand, der jeden Wunsch durchschaut.
Die Brauen sind ein Adler über jedem Firne:
Aus deinem Mund erlausche ich den Mutterlaut.

Jungfrau Marie, die Bauern hier im Tal sind Schwaben.
Aus deiner Kehle klingt ein Heimatwort so wohl.
Der Blütenwald ist nur die frömmste unsrer Gaben,
Von deinem Halsband jedes Dorf ein Karneol.

Jungfrau Marie, der Heimat Schutz sind deine Hände.
Dein Herz ist die Vergebung meiner schweren Schuld.
Und deine Schultern sind des Juras steile Wände,
Denn fern von fremden Menschen fühl ich deine Huld!

Wenn ich im Tal, zerknirscht, bald für das Übel büße
Und liebe Gott und meinen Nächsten so wie nie,
Jungfrau Marie, dann fühl ich deine heilgen Füße.
Und grüße dich: ich liebe dich, Jungfrau Marie!

Einsam

Ich rufe! Echolos sind alle meine Stimmen.
Da ist ein alter, lauteleerer Wald.
Ich atme ja, doch gar nichts regt sich oder hallt.
Ich lebe, denn ich kann noch lauschen und ergrimmen.

Ist das kein Wald? Ist das ein Traumerglimmen?
Ist das mein Herbst, der schweigsam weiterwallt?
Das war ein Wald! Ein Wald voll alter Urgewalt.
Dann kam ein Brand, den sah ich immer näher klimmen.

Erinnern kann ich mich, erinnern, bloß erinnern.
Mein Wald war tot. Ich lispelte zu fremden Linden,
Und eine Quelle sprudelte in meinem Innern.

Nun starr ich in den Traum, das starre Waldgespenst.
Mein Schweigen, ach, ist aber gar nicht unbegrenzt.
Ich kann in keinem Wald das Echoschweigen finden.

Die Efeuranke

Der Efeu dort am gotischen Palaste
Verschlängelt sich zum marmornen Balkone:
Sein Schattenwesen gleicht einem Spione,
Den irgendwie ein Rachewunsch erfaßte.

Du lauerst, ob er wachsend weitertaste,
Um klarzuwerden, wer das Schloß bewohne
Und ob sich dorthin ein Verrat verlohne:
Er winkt ja schon mit einem freien Aste!

Nun blickt der Mond um eine hohe Ecke:
Und sieh, ein Weib erscheint hinter den Scheiben,
Was hält es bleich verwelkt an einem Flecke?

Der Efeu muß noch viele Zweige treiben,
Damit er seinen Kundschaftsweg vollstrecke:
Die Dinge sterben ab, die Rätsel bleiben.

Der Bernstein

Die Menschen lesen gerne in den Sternen
Und denken an die herbe Schrift des Herrn:
Ich aber wähle keine Weltenfernen
Und wähne das Geschick im Wesenskern.

Ich nehme einen Stein aus fremden Meeren
Und sehne mich nach seinem Sagensang:
Sein Wesen glänzt von eingekerbten Lehren
Und macht die Seele traumerfüllungsbang.

Du goldenes Geschick in meinen Händen,
Erzähle deine eingefrorne Mär,
Das Honigrot von deinen glatten Wänden
Besprüht mein Spürsinn, lüstern wie ein Bär.

Verglast in deiner Blaßheit, ahn ich Schwingen
Und senke meinen Wahn in dich hinein:
Nun lebe ich verwandt mit fernen Dingen,
In dir, o Stein, mit mir und dir allein.

Da pocht mein Herz, du Bernstein sprichst: Sei leiser!
Nun bin ich still, still wie dein Atemgold,
Denn Bernstein, heller Stein, ich bin dein Weiser:
Ich weiß, daß hold sich Ewiges entrollt.

Du wächst und atmest wie die gelbe Erde,
Die herrlich durch die Wälder Sonne schlürft,
Die wagt und plagt, damit sie größer werde,
Und Wachstum sagt: Ragt, da ihr plündern dürft!

Ach was, du bist ja atemloses Wachsen,
Du bist ja Wachs, halb Wabenwachs, halb Harz:
Mein Wahn erwacht: ein Wasser, voll von Lachsen,
Entrauscht und überrascht den alten Quarz.

Gesprengter Stein, in Urfels und in Fluten,
Auf deinen Härten will ich Fernen schaun!
Granitgrate, was könnt ihr grau vermuten?
Ihr Urburgen beruht auf Grundvertraun!

Das Wasser wechselt, Wechsel schnellt sich Wellen,
Und Wellen schwellen Schwingen und den Wind,
Der Wind beseligt, und die Seelen quellen
Unüberwindlich, weil sie gar nicht sind.

Nun Geist, als Sonne, komme du zu Worte!
Die Sonne ist des Wortes Goldsymbol,
Erkunde unumwunden Zufluchtsorte
Und Hochzeitsgipfel für das Wonnenwohl!

Du Seligkeit, du Ich mit Frühlingsflügeln,
Erhebe dich, so weit es Welten gibt!
Dem Wasser laß den Sprung, dem Glück das Klügeln,
Du brauchst nicht Flügel, sei der Flug, der liebt!

Entschwebe dir doch selbst, beseeltes Wesen,
Auch deine Mutter Erde fliegt durch dich:
Sie lebt ja nur, das Beste auszulesen,
Sie strahlt bereits und scheint uns innerlich!

Vineta, holder Wortesort, erscheine!
Entschwebe deiner Zukunft, werde Traum:
Ich schaue dich in goldner Morgenreine,
Und dein Erschwellen wellt Gewitterschaum.

Du Wendenwahn Vineta, Wind der Wende,
Du Wehmutswunsch, erwache auf der Flut,
Du Wagnisstadt und Warnung ohne Ende,
Entschließe dich zum Flug, der Flug ist Mut.

Du Wahneswahrheit auf dem Wanderwasser,
Du Ewigkeit mit Glutwurzeln im Blut,
Ich selbst, ein blauer Wunderwunscherfasser,
Erschaue nur, was fern im Glauben ruht.

Vineta, winde dich empor zum Wesen,
Vineta, strahle aus Erbarmen auf,
Vineta, werde wie es nie gewesen,
Der Wind der Stille lenke unsern Lauf!

Ein Lauschender auf blauer Au

Grauen, samtig rauhes Grauen
Packt mich, wenn ich traurig bin.
Lauter graue Raupen stauen
Sich vom Hals bis übers Kinn.
Ach, wie schwer ich das ertrage,
Wie es mich erschaudern macht:
Raupen scheinen es am Tage,
Falter sind es in der Nacht.

Dunkelbunter Schmetterlinge
Werde ich genau gewahr.
Ja, die innerlichsten Dinge
Schaut dann manches Augenpaar.
Tief im Flügelkreis der Falter

Blickt mich meine Trauer an,
Unsrer Seele blaues Alter
Hält ein Zauber dort im Bann.

Fliegt doch fort, ihr vielen Dinger!
Färbt ihr euch mit Rätseln bunt?
Meine werden schon geringer,
Abgesucht ist euer Fund!
Flackert nicht, wie kranke Herzen,
Die der Tod nicht knicken kann,
Knüpft nicht alle meine Schmerzen
An den Samt der Flügel an.

Weggeträumt, hinweggesonnen,
Gebt mir doch am Morgen Ruh.
Ach, in Sorgen eingesponnen,
Deckt mich schon das Schaudern zu.
Doch warum die trübe Klage?
Stets bin ich mit Graun erwacht!
Raupen plagen mich am Tage,
Falter sind es in der Nacht.

Der Schaudernde

Zwei dunkle Sonnen, das Bewußtsein und der Schlummer,
Sind nicht mein Eigentum, doch Pfade oder Brücken.
Die Welten fluten an und durch: und werden stummer!

Vernehmen will ich nicht. Kein Tag soll mich berücken!
Ich muß mit meinem Gotte leiden, furchtlos leiden.
Er liebt mich! Dunkle Liebe sprüht durch mein Entzücken.

Der Schlummer heilt. Und doch, den Schlummer muß ich meiden.
Für meinen Gott, der schlummert, will ich schaffen:
Er wisse nicht, wie oft wir leiden und verscheiden.

Ruft ihn nicht auf! Dem Schlaf ihn schmerzhaft zu entraffen!
Was in uns schlummert, ist das Beste: wird uns heilen.
Es birgt Gebirge, wo Vergessensschachte klaffen.

Er schläft: ihr könnt ihn noch in Gut und Grausam teilen,
An Gestern glauben, ewger Grauen euch berauben,
Und schon in holden Morgen, die erst kommen, weilen.

An einen Gott, der heilig schlummert, kann ich glauben.

Die Nordlichtengel

DER ROTE ENGEL:
Die Erde, eine süße Frucht, gelangt in Gottes Hand.
Wie bei der Feige ist die Feuerfülle vorgebrochen;
Ein Glück und kühl: enthüllte Freude; Saft des Südens.
So guter Feigenbaum der dunklen Wollustwelten,
Durch deine Blätter, stiller Engel sanfte Flügel,
Nickt gar behutsam auch die Glut der Sonnenpalme,
Von der die nahe, unsre Sonne eine heilge Frucht!
Der ewge Feigenbaum errät jedoch die kalten Farnen
Erstarrter Milchstraße. Zu ihr geneigt sind Urlichtfichten,
Die alte Glastanne, die Sirius, wie ein Wunder, trägt:
Der Sterne Blick birgt Kindlichkeit, wie ein Vertrautsein mit
  dem Vater.
Des Feigenbaumes Frucht entzündet blaue Glaubensaugen:
Wir wissen nicht! Das ist der dunkle Samt verborgner Seelen,
Die Gott erst suchen muß. Er tuts. Mit Sonnen in der Hand.
O Mensch, verlornes Kind, das hold des Schöpfers Glut in sich
  gefunden,
Dich weck ich auf, zu frohem Anruf der Gestirne,
Die uns, durch Blut erleichtert, traut zur Hochzeit
Gesternten Mundens eigner Allheit lenkten,
Die euch von Tod zu Tod der Tiefe Offenbarung schenkten.

DER MANN:
Ich soll zurück zur Sonne!
Zu groß ist des Gestirns Umarmung:
Ich brauche Schicksal für den Weg.

DAS WEIB:
Aus Mondes Hand kann ich den Leib dir bieten.
Vom Mond empfange ich die Milch für deine Kinder,
Durch Mond gesundet auch mein Blut von tiefen Giften.

DER MANN:
Ich atme rasch: zu steil erfassen mich die Schöpferarme.
Die liebe Sternennacht bringt leises Heil.
Ich brauche Krieg und Sturz, beim Kreisen mich zu laben:
O Sterne mir im Blut, ihr dürft mich haben.

DER WEISSE ENGEL:
Der Sterne Schicksalsdarbringung geschah in Jesu!
In Christo sind Gestirnenwege urerfüllt:
Die Sonne starb am Kreuz, der Mond ist auferstanden;
Gestirne hörten Stimmen, trugen Leiber, liebten Menschen.
Nun sind wir frei! Im Mann? Das Weib vertraut den Sternen!
Nur einmal in der Welt kam Jesus Christus.
Die Erde bleibt ein Stern: vom All bedacht. Umarmt.
Der Sterne Heiland war ein Mensch, an Mutterbrust erwarmt.

DER MENSCH:
Das hohe Pfingstfest loht gekommen.
Die Glut der Erde wurde Blut.
Das ist ein letztes Kreisen:
Dann still das Ich.

DER ROTE ENGEL:
Du rufst mich auf! Du sprichst mit roten Zungen!
Die Sonne stirbt in dir, durch dich zu geistern.
Die Sterne schöpfen euch; sie hoffen auf die Erde:
Im Dunkel dauert Glut: das »Wort« hinter dem »Werde!«

DER MENSCH:
Ich bete keine Sterne an,
Seitdem uns Jesus kam,
Mich und die Sonnen hold in Obhut nahm!

DER WEISSE ENGEL:
Die Sonnen baun sich einen Tempel auf: der Mensch.
So öffne deiner Seele Pforten; laß Gestirne ein,
Sie suchen Gott: du magst ihn finden.
Sie sterben gern: und du, der sie genannt hat, bleibst.
Das Urlicht wurde Ich, den Sternenkranz zu winden.

DER MENSCH:
Im Weltenbaum griff ich zur grünen Frucht: o Erde!
Sie ist ein Apfel jetzt mit roten Nordlichtkunden;
Ihr Blut brach durch das Grün, uns heimlich zu umrunden.

DER ROTE ENGEL:
Das bleibt dein Biß. Er muß dir munden!
Ein Purpurblühen alles Grünen lobt den Herrn.
Der Heiland ward der Kelch ersterbender Erfüllung:
Nun setz ihn an, o Mensch, Gestirne suchen Gott. In dir!
So leer' den Kelch, daß Gott die Sterne finde!

DER MENSCH:
Zu Gott, der sie erschaffen, kehren Sonnen ein.

DER WEISSE ENGEL:
Dein weißer Schlummer, Mensch, ist hier das Wunder.
Die Welten lodern; in Demut ruht der Geist.
Mit Schlummerwurzeln greift ein Baum der Stille,
Der heilig wird, in unsre wildverletzte Welt.
Noch träumt ihn Gott. Doch euer Traum wird ragen,
So tief gesteilt, die Gluten treuer Ewigkeit zu tragen.
Ein Liebesblühn wird Gott, kein Stamm, noch Blatt,
Auch nie die Frucht. Du schlummerst seine Wurzeln.

DER ROTE UND DER WEISSE ENGEL:
Der Mensch wird still! Auf Eis, auf Schnee sind wir noch Wucht.

Michelangelo

Morgen wird es! Wie verfleischlicht schweigt die Frühe.
Langsam atmen bloß die hellen, gelben Lehnen,
Und mir ists, als ob der Geist sich Formen glühe!
O du Weib in mir, wonach wirst du dich sehnen?

Wirf die Nacht und ihre Hüllen stolz vom Haupte,
Schon durch deinen Wunsch kann sich der Wind erheben,
Doch noch bleibts, als ob dir nur der Harm erlaubte,
Bald ein Tag zu werden: tief uns zu beleben!

Nein, der Tag erklärt uns nicht sein Wesen:
Ewig unvollendet staunt und lauscht er immer,
Seine Kraft ist niemals seine Macht gewesen,
Panik bloß entwirbelt ihm, als Weltwuchtschimmer.

Könnte er den Arm bereits nach Osten heben,
O, so bliebe unsre Erde plötzlich stehen!
Diese Schöpfung würde gar nichts mehr erstreben:
Doch sein Haupt lenkt, unvollendet, keine Wehen!

Jetzt erklärt sich die Sixtina mir im Geiste,
Und ich sehe die Propheten, die Sibyllen
Eifern, daß der Tag sein stilles Lichtwerk leiste,
Denn die Welt gehorcht dem vollen Jenseitswillen.

Bannt doch Gott, der Herr, stets seinen eignen Schatten
Auf die Erde, daß sie reiche Früchte trage,
Und darum ermüden nimmer unsre Matten,
Denn der Geist verlangt, daß er zum Tage rage.

Dort erfaßt sich die Unendlichkeit im Herzen
Adams, den sie weckt, damit sie tief bestehe.
Diese Gabe aber birgt der Mensch mit Schmerzen.
Und er wünscht, daß er zurück- und untergehe.

O das Weib, das ihn so fürchterlich erblickte,
Scheint am Manne nun voll Bangigkeit zu hangen,
Und ihr Schatten, der ihn lange schon bestrickte,
Fängt jetzt an, nach Wahrgestaltung zu verlangen.

So geschieht es denn! Die Frau ist auferstanden!
Aus den Farnenhainen wuchten Paradiese:
Vögel jubeln, Palmen schleppen Prachtgirlanden,
Innre Frühjahre erblühn auf Hang und Wiese.

Doch der Genius wächst noch. Wird das Weib genügen?
Fühlt es schon in sich die eignen Wesensmängel?
Reiz an Reiz versucht sichs an den Leib zu fügen,
Doch der Mann will die Idee und glaubt an Engel.

Schläft das Weib, ermahnt ihn sein Gewissen:
Halte dich an das, was dir der Herr gegeben,
Denn sonst wirst du bald das Paradies vermissen,
Trachte furchtlos fort in dem Durch-Dich zu leben!

Adam aber will sein Innerstes erfassen
Und beschließt zu sinken, um zu Gott zu steigen.
Keine Weltmusik will er geordnet lassen,
Und was schwach ist, knickt und nennt er nun sein eigen!

Armes Weib, du Urversuch, den Mann zu trösten,
Biete dich nicht an, verfluchter Lust zu dienen!
Doch schon ists, als ob sich alle Fesseln lösten:
Ja, die Freiheit ist der Frau zuerst erschienen!

Der Entschluß des Opfers ist im Weib entstanden.
Feig hat Adam seine Knechtin angenommen
Und enteilt mit ihr nun allen Heimatlanden
Und ist vielem nah, doch nie zu sich gekommen!

Rase nun, verlorner Sohn, von Schmerz zu Leiden,
Wollte Gott, der Herr, doch still auf dir beruhen:
Du jedoch willst ihn um seinen Grund beneiden,
Und verzweifelt seh ich dich den Tag vertuen.

Abend wird es. Blasser Mann, nun darfst du rasten.
Deine Unvollendung fängt sich an zu klären.
Und du sagst dir ernst: Wozu das breite Hasten?
Doch zu spät! Der Abend kann nicht lange währen.

Deine Schultern sind die scharfen Horizonte
Eines Tales, dessen Schlund die Nacht entwuchtet,
Die Brust gleicht breitem Berggelände, das sich sonnte
Und nun atmend kundgibt, was es tief verschluchtet.

Dein gewellter Bauch ist wie die See in Häfen,
Die da aufhüpft, gurgelt und nur schwer ermüdet.
Nachsicht schwebt und legt sich nun um deine Schläfen,
Und du preist die Nacht, die sich mit Glut umfriedet.

O, die Nacht geht auf, und hoch im Osten glimmt es!
Einsichtsvoll versenkt sie sich in innre Sterne.
Denn sie liebt ihr sterbliches, weil urbestimmtes
Lächeln aller Welten, ohne Grund und Ferne.

Ihre Brüste sind die See der beiden Hemisphären,
Die da übervoll den jungen Tag erbangen,
Um dem Kinde milde Labung zu gewähren.
Hast auch du, o Nacht, so wildes Lustverlangen?

Große Nacht, ich kann dich eben klar betrachten!
So wie du in stillen Meeren dich oft spiegelst,
Fühl auch ich dich, da auch Sterne mir erwachten:
Bleibe, die du einst die Sonne ganz verriegelst!

Stürzt die Welt aus ihrer Tiefe her zusammen?
Drängt das ewige Gericht uns zum Erlöser?
Eine nackte Flamme, der wir fern entstammen,
Ruft uns klar zurück: wir werden religiöser!

Was nicht nackt an uns ist, wollen wir verstecken,
Des Verfleischlichten beginnst du dich zu schämen.
Unsre Bloßheit aber will sich gottwärts recken:
Herr, du wirst dein Gut in holde Obhut nehmen!

Alle Welten streben nach der Seelenmitte.
Und darum empfinden wir das Zeitverschwinden.
Heiland, führe uns bei jedem Heimwärtsschritte,
Denn wir könnten Urlicht aus dem Zeitschlund winden.

Jeder darf in sich den eignen Wert erlangen,
Doch hier gilts, zur rechten Stunde anzukommen:
Lange werden deshalb alle Lauen hangen,
Und die Seligkeit gehört den Starken, Frommen!

Herr, die ganze Nacht kehrt in dein Innres wieder.
Jedes Wesen muß unendlich sich beginnen.
Alle Sterne singen ihre Liebeslieder:
Herr, du bist in uns und bist in ihnen drinnen!

Hymne an Italien

Purpurschwere, wundervolle Abendruhe
Grüßt die Erde, kommt vom Himmel, liebt das Meer.
Tanzgestalten, rotgewandet, ohne Schuhe,
Kamen rasch, doch sie versinken mehr und mehr.

Furchtbar rot ist jetzt die Stunde. Wutentzündet
Drohen Panther. Grausamfunkelnd. Aufgebracht!
Dieser bleibt: ein Knabe reitet ihn und kündet
Holder Wunder tollen Jubel in die Nacht.

Nacht! der Abend, aller Scharlach mag verstrahlen.
Auch der Panther schleicht im Augenblick davon.
Aber folgt dem Knaben! Sacht, in schmalen Glutsandalen
Tanzt er nackt im alten Takt von Babylon.

Alle Flammen abgeschüttelt? Auf der Füße
Blassen Spitzen winkt und fiebert jetzt das Kind:
Weltentschwunden? Sterne sind die sichern Grüße
Stiller Keuschheit überm Meere, vor dem Wind!

DIE STERNE. BLAUE. Ferne.
Ein Flammensang der Sterne!
Millionen Nachtigallen schlagen.
Es blitzt der Lenz.
Myriaden Wimpern zucken glühend auf.
Das grüne Glück von Frühlingsnachtgelagen
Beginnt sein eigenbrüstiges Geglänz.
Die lauen Schauer nehmen ihren Zauberlauf:
Millionen Nachtigallen schlagen.
Erkenne ich ein freundliches Gespenst?
Ich werde mich im Ernst darum bewerben.
Der kleinste Wink will sich ins Wittern kerben:
Wer weiß, wann meine Traulichkeit erglänzt?
Gespenster gleichen unsern sanften Tieren,
Sie können bald den Samt der Neigung spüren.
Sie heben, schweben, weben sich heran
Und halten uns unfaßbar sacht im Bann.
Ich will die Lichtgewimmelstille nicht verlieren,
Ein altes Walten muß sich bald aus Sanftmut rühren.
Millionen Nachtigallen schlagen.
In zarter Nacht ermahnen uns verwandte Stimmen.
Es scheint ein Mond geheimnisvoll zu glimmen.

Doch ist zu warm die Nacht, voll atmendem Behagen!
Myriaden brunstbewußter Funken suchen sich im Fluge,
Sie schwirren hin und her und doch im Frühlingszuge.
Das Lenzgespenst, das Lenzgespenst geht um im Hage.
Es kann der Laubwald wandern und sich selbst erwarten,
Das schwankt und walzt nach allen alten Wandelarten;
Es lacht die Nacht: der Wagen wagt; es wacht die Waage.
Es blitzen da Myriaden tanzvernarrte Fragen –
Millionen Nachtigallen schlagen.

Hesperien

ἡμῖν ἡ μάθησις οὐκ ἄλλο τι ἢ ἀνάμνησις τυγχάνει οὖσα.
Plato. Phädon XVIII

Sowie die Sonne rot und sichtbar wird,
So muß die Sonne sinken.
Sowie die blaue Nacht dem Tal entschwirrt,
Beginnen Berge streng zu blinken.
Umwolkte Höhen winken.
Die Bauernpferde werden rasch geschirrt,
Die weißen Ziegen sammelt flink der Hirt,
Die Sonne wird ertrinken.
Die Herden fliehen mit dem letzten Leuchten,
Sie scheinen eine Flucht von Gold,
Das plötzlich in die Schluchten rollt.
Nun kann das Meer den Sonnenball befeuchten:
Wie Nebel sich im Nu entrollt!
Auf allen Feldern wird davongetrollt.
Es ist, als ob die Dünste Mensch und Pferd verscheuchten,
Doch kann der Bauern Heimritt bald ein Kriegszug deuchten.
Von allen Äckern trabt man fort.
Hoch oben liegt der alte Ort.
Das staubt bereits in langen Windungen bergan:
Im schwarzen Mantel mit der Flinte jeder Mann.
Auch Eseltreiber laufen dort.
Die Reiter wechseln kaum ein Wort.
Verhüllte Frauen bringt ein prächtiges Gespann:
Wie kommt es, daß noch keine ein Gespräch begann?
In einem Wolkentrichter ist der Tag versunken,
Die See berauschte sich an Purpurfunken,
Die Berge brannten lichterloh:
Jetzt rauscht, jetzt blitzt es irgendwo.
Die Felsen sprühen unter tausend Reitern Funken,
Violette Menschenschatten krümmen sich wie trunken:
Die letzte Lichtsekunde floh.
Ein großer Stern. Wie leicht, wie froh.

Pastorale

Italien, große Wolken warten auf dem Meere,
Um dir zu Füßen, wildumblitzt, den Herbst zu legen.
Noch ist der Wind zu schwach für solche Regenschwere:
Doch plötzlich wird ein Guß durch heiße Schluchten fegen.

Die roten Häuser tragen goldne Welschkornpanzer.
Die Lauben gleichen blonden Sommerhorizonten.
Das abgemähte Berggelände ist ein ganzer
Damastteppich, auf dem sich bunte Bonzen sonnten.

Durch viele Täler zogen Regenprozessionen.
Im Golde zirpt es, und das Blau durchlechzen Unken,
Auf großen Wolken sieht man den Oktober thronen:
Wann schickt er seinen fürstlichen Entscheidungsfunken?

Man pflückt die blauen Trauben in der Laubenschwüle,
Schon füllen sich die schweren Körbe reifer Gänge,
An jedem Wasserfall berauscht sich eine Mühle:
Es hört der Bach der Wäscherinnen Liebessänge.

Man holt die blaue Eierfrucht aus brauner Erde.
Das heitre Feigenklauben geht voll Lust vonstatten,
Karuben stehen da mit schenkender Gebärde:
Die Lichter sind Opale, und es perlt der Schatten.

Nun steigen Wolkenherden aus den Felsenschluchten,
Auf hoher See erscheinen plötzlich Nebelschwäne,
Da ängstigt sich das zarte Blau in goldnen Buchten,
Und Silberwarnungen umglitzern still die Kähne.

Auf einmal hat der finstre Sturm emporgeleuchtet,
Der Wind verbohrt sich in den Dunst und schürt die Blitze:
Was kommt? Die Steine haben sich aus Schreck befeuchtet:
Zerflattert sind die lila Fahnen langer Hitze.

Die Feuerwolke darf Vulkane überragen;
Doch kann der Wind ihr jedes Blitzbündel entwinden:
Gewitterstirnen werden auf die Felsen schlagen:
Die See will schauderreich ein gutes Jahr entbinden.

Mit silberner Sichel

Der jüngste Mond

Geheiligter Mond, du erschreckst meine Schafe.
Du scheinst mir die silbernde Sehnsucht der Sonne.
Es naht deine Sichtbarkeit rosiger Wonne,
Du sichelst dahin wie ein Schauen im Schlafe.

Geheiligter Mond, du erschreckst meine Klippen.
Das Eiland zerbröckelt für dich in den Fluten.
Wie sind wir bestürzt: überbring uns den Guten!
Wir möchten vom perlenden Lichtkelche nippen.

Geheiligter Halbmond, versprich mir den Schnee,
Wir lieben des Eiswetters schmeichelnden Schritt.
Der Winter mag kommen. Wer tut mir ein Weh?
Ein Schnee wird erscheinen. Auch wir glauben mit.

Der Sirius ist Reinheit. Durch ihn wird der Regen.
Die Milchstraße schenkt uns den ängstlichen Reif.
An funkelndem Tau ist der Leier gelegen,
Der Viertelmond schneit seinen wirbelnden Schweif.

Geheiligter Mond, du beschwichtigst die Berge,
Du hältst unsre frierenden Flüsse zurück.
Du schließt meinen Wunsch in kristalline Särge,
So mach mir aus Traum ein vollendetes Stück.

Du bist doch der Schnee; und ein Tanzschritt am Ganges
Beginnt dein Dahingeistern zierlich zu feiern.
Die Nachtwandler ziehn auf erleuchteten Eiern:
Ihr Mond ist der Zwang eines nahenden Klanges.

Doch keine Musik. Mit dem Schnee siegt die Stille.
Die Sichel verführt dich zum Kuß, der entsagt.
Jetzt haben die Lilien zu sterben gewagt.
Sie beben zum Monde. Sein Licht ist ihr Wille.

Behütet die Flocken. Ein silbernes Blühen!
Sonst mäht sie die sichtbare Sichel dahin.
Die sicherste Silbe? Wer sollte sich mühen.
Sie kommt einem lieblichen Kind in den Sinn.

Attische Sonette

Das Gebet

Gewogner Hades, Spender alter Gnade,
Der Mensch, durch Not, zum Opfer tief bereit,
Erfleht für eine Göttin, wirr im Leid,
Der Tochter Wiederkunft auf schwerem Pfade.

Gestatte Kore, von der Styx Gestade –
Erborgt aus feuriger Umwobenheit
In deinem Heim – auf fromme Frühlingszeit,
Erfreut zu sein durch Lerche und Zikade!

Gehärmtem Weib, der Mutter unsrer Fluren,
Begegne traut, bei Wärme kaum im Wind,
Des Kindes Knisterschritt um Krokus-Spuren:

Im Geiste doch erkenne dann geschwind
Die Froh-Erschrockne ihrer Tochter Kommen:
In guten Armen bleib sie aufgenommen!

Wohlhabend

Athenern brachte Demeter den Frieden:
Sie tritt zum Herde, wo die Ehe glückt,
Ihr Weiheheim bleibt gabenreich geschmückt,
Denn Wohlstand ward den Augen mitbeschieden.

Sie weilt auch gerne bei zufriednen Schmieden,
Hat ihren Hang zum Harnisch rasch entrückt,
Für jüngste Pflüge Hämmernde entzückt:
Bescheidne Geister kreisen nun hienieden.

Sie tritt bei Töpfern in die warmen Stuben.
– Verschleiert oft – am Ernste drum erkannt.
Sie bringt den Ton aus ungenannten Gruben,

Erfindet ein Gefäß mit leichter Hand.
Der frohe Mann blickt fromm, verstummt die Buben:
Die fremde Frau beschattet keine Wand!

Aus Verlorenheit

Gelobtes Land der Eltern mir, des Sanges,
Einst wähnt ich mich verträumt an deinen Rhein,
Erzählte Nordgold, dort gehört zu sein:
Ein Horn so vollen Sonnenüberschwanges,

Daß altes Licht, aus Magierhand am Ganges,
– Auf Gletscher überstülpt – zu Urgedeihn
Aus Finsternis, euch fordern sollte und befrein,
Beschloß ich deutsch zu bringen: wohl gelang es!

Noch weil' ich fort, im Morgenland, beim Wogen
Beseelter See um Hellas' hohen Strand!
Verheißungen, ihr habt noch nie getrogen:

Ein Donnern holt uns bald! Dann schwankt die Wand.
Wer griff zum Blitz? Von Lichtschwertern beflogen,
Ersprüht das Reich. Umfaß uns Flammenband!

Gesänge um Griechenland

Die vier Elemente

Kühle

Wie kindlich der Mond durch die Birken blinkt!
Der Wind! Wie freundlich er mich zu sich winkt:
So komme, komme! Wo du hinfolgst, da ists fern,
Wir sind viele, vieler Wind und haben dich gern.

Ich fürchte mich nicht; doch ich könnte mich verlieren!
Die lieben Lichtperlen wollen mich zieren.
Der Wind legt sich sanft an die Wangen, um den Hals:
Ich lächle, als frohe Stimme freien Widerhalls!

Wind

Noch immer glimmt ein Nachen vor dem Fenster
Geheimer Sehnsucht nach entrückter Welt.
In ihm versammeln sich bei Mond Gespenster
Und spielen traut ein Lied, das mir gefällt.

Das klingt wie weichbewegte Mandolinen;
Da neig ich meinen Kopf in kühlen Wind:
Die Stirne fühlt sich zaubersacht beschienen:
Ich weiß, wie nahe mir die Sterne sind.

In holdem Winde walten gute Hände,
Denn auf den Wangen spür ich weißen Samt.
Und in der Seele stürzen alte Wände:
Ich weiß, woher so süßes Tönen stammt!

Ich war einmal ein see-erfahrner Lander
Und kam in einen Garten heimlich heim.
Mein Seufzen trug die Luft durch Oleander;
Wie wunderbar: ein Lächeln war der Reim.

Besinnung

Das Meer vergnügt sich oft in kleinen Silberscherzen,
Ein lauer Hauch beschenkt sein Blau mit Zitterherzen:
O, wenn es riffauf wie von Freundesgläsern klingt,
Weil man in seiner Freude zueinander trinkt!

Die Flut erwogt aus ihrem Schoß die vollsten Brüste:
Ein Sonnenkopf darauf, als ob er schlummern müßte!
O goldnes Kind, auf deinem Pfühl mit Spitzenschaum,
Dich hol ich schon zu mir in manchem holden Traum!

Flut

Die tollen Wellen sind verspielt in tiefes Walten:
Der Fische Schwärmen silbert stummes Sterngebot.
Mein Traum von Thunfischen ist muntres Unterhalten:
Der Segler Reigen kommt als weißbeschwingter Tod!

Gewitter drohen durch das allerblauste Träumen:
Dort unten grollen große Wolken goldumrankt.
O holdes Staunen, unter steilerhobnen Schäumen:
Wie bodenlos mein Dortsein im Gewoge schwankt.

Ich kann im Blut die Flut und ihr Bestürmen finden.
Wie nah Geträume tobt. Doch mich erreicht es nie!
Ich sehne mich nach Seglertum in freien Winden!
Entkommt mir, Wünsche, denen Zufall Gunst verlieh.

Das Wesen faßt in sich Entfluten zu den Sternen.
Der Atem folgt zu schwer: es unterliegt das Ich.
Der Sang der Liebe kreist zu unerhörten Fernen:
Ich weiß bestimmt, wie ich schon einst vor mir verblich.

Suchen

Wie kann ich, sturmbeschäumt, den Fels in mir ergreifen?
Nun gilts, den Leib in sein erwirktes Reich zu schleifen:
Die Erde ist das festgewollte erste Ziel,
Dem unser Wesen – unbedacht – zu tief verfiel.

Von hier aus können wir die Zwecke frei ersinnen;
Den ersten Stern zur Weltvollendung selbst beginnen:
Froh sende jedes Herz einen Verzückungsstrahl:
Verkündet Sternen einen Stern aus eigner Wahl!

Boden

O wunderbarer Ruhestern, durch unsre Herzen,
Geliebte Erde, die wir schlummerzu gewiegt,
Du kannst in nahe Wesen Friedensfernen merzen:
An stummes Träumen, schon vor unserm Tod, geschmiegt.

Erhalte mich, als urgefundne Grabesstätte!
Durch Tod auf Tod wird Ruhe *endlich* eingesetzt:
Du Heimatstern, hold eingekernt zu meinem Bette,
Das Ich entzückt sich dir, erblitzt den Ursprung »Jetzt!«

Dafür muß ich die Erde durch den Himmel tragen!
Doch darf ich sterben: Harte Erde, habe Dank!
Durch Todestore mußt du dich zum Frieden fragen:
Er ist! Vermute ihn im finstern Tiefengang.

O stille Erde, Abgrund urerregter Sonnen,
Du bist für mich ein mütterliches, gutes Grab;
Ich hab den Weg zur eignen Ruhe fern begonnen:
Mich führt der Leib: den mir die Erde freundlich gab.

Aufforderung

Dein Schweigen, Mensch, muß in den Himmel steigen,
Erstummtes Blut um Sterne sich verzweigen;
Geheimes Lodern übersprüht den Raum:
Beharr als Ursprung, doch verlier den Saum.

Erholt im Tod, vernebelt dir das Reden,
Doch zückst du keinen Blitz zu grellen Fehden:
Still überzüngle dich ureigne Glut,
Wie Bäume bei den Gräbern leicht und gut.

Flamme

Du siehst die Sonne hinter Wäldern sinken;
Der Tag zerbrennt dir im Geruch von Harz.
Dein Wesen freut der Wipfel kleines Winken:
Das grünste Glühen funkelt starr und schwarz.

Wer könnte keine finstern Brände ahnen,
Wenn er vereinsamt zwischen Bäumen schleicht?
Nun schrecken mich die letzten roten Fahnen,
Bis unser Herz der erste Stern erreicht.

Den Wald und mich! Da wir vor Gott verstummten.
Kein Stimmlein fordert dich zum Wachsein auf:
Doch Frommheiten, die sich als Baum vermummten,
Vertret ich, wenn ich mich im Wald verlauf.

Das da sind Mönche, die zum Monde glühen.
Ihr Schreck hat sie vor das Gestirn gebannt.
Wie sie, von Schatten schwer, sich weiter mühen!
– – Nun hab ich Glut und Flut im Blut bekannt.

Der Brunnen

Bei meinem Brunnen in Italien grünt der Lorbeer!
Im frühen Blau der Tau tut sanft dem Baume gut;
Horch aufs Geäst: die Nachtigall! So horch – sie ruht.
Nun blitzen Tagbrillanten durch; und Schwalbenflügel,
Wie warme Blätter, knospen aus den engen Nestern:
Gesang blumt hoch hervor – o holder Morgen.

Zu meinen Eimern in den Felsen kommen Frauen,
Mit schimmernden Gefäßen auf dem steilen Kopf,
Ganz still die Kinder, zwischen Bienen, an der Hand.
Viel schwarze Äuglein flackern froh, vom feuchten Kiese,
Zur nassen Wiese, dunkelbraunen Faltern nach.
Des Ginsters Glühgeheck verschenkt die Goldgeflechte
Geschwirrter Lerchenlieder stolzerhabnem Blau.

Bei meinem Brunnen, unterm Lorbeer, lad ich Männer
Zu loderndem Gespräch aus goldnen Worten ein.
Bald schürt auch gelber Wein der Seele Freudenfunken;
Ein großes Feuer glüht empor. Umkränzt den Brunnen.
O wahres Wasser, deine Flamme tagt im Geist!
Der klarste Tropfen sagt den Herzen: Macht euch frei!
Die Ansprache verklingt nicht, da sie Freundschaft weckte;
O Brunnen, sei der Herd; mein treuer Lorbeer blüht.

Um meinen Lorbeer frommt es goldenen Gestalten
Bei hoher Sonne zu dem Borne Gast zu sein.
Wohl kommen sie als Menschen aus den großen Tiefen,
In Nacktheit frohgemut voll holder Offenheit,
Zum spähenden Erquickungsspender stolz empor.
Der bin ich doch? Ich halte meine alten Eimer:
So naht mir sacht. Aus Gold: o Götter oder Schatten!
Ihr braucht den Trunk der Erde. Lorbeer: mein Gedicht!

So duftender Hügel, der Ginster ist Schwebenden
Beglückender Saum in die Schlucht unterm Lorbeer,
Gesund durch Geruch. Drum auf! Zum Jubel vom Brunnen,
O Goldene, kommt! Leis vereint ein Geheimnis,
Von Bienen gesummt, uns Stunde und Ort: mein Hier.
Allmächtiges Atmen: da, ersammelt von Göttern,
Ich halte dich warm. Wie wahr: nun sind es doch Schwalben
Gar steil sich wölbenden Flugs; voll Tempelsaumträumung.

Ihr Schlichten erscheint mir, viele wirkliche Menschen!
Herbei! Um mich. Springt ab von den silbernen Eseln!
Schon manche lagern im Schlaf, beschattet von Feigen.
Ihr Freigebornen und sanft, in Wolle gekleidet,
Nach euch verlangt diese Seele, Wonne zu geben.
Wo weilt ihr bei Sonne? O, der Bronnen ist frisch.
Ihr kennt mich, die Zeit, findet in Felsen die Stufen:
Bei meinem Brunnen in Italien grünt der Lorbeer!

Elefanten

Gar hochgesteilt in spitzgefrornen Mondlichthallen
Lustwandeln lose große Silberelefanten.
Ein altes Sternenbecken mit sechs Marmorkanten
Läßt seine Fülle in den Tempelweiher fallen.

Nach heilgem Schritte müssen still die Tiere wallen:
Sie ahnen wohl, daß Götter sie um Säulen bannten,
Und treten vor ihr Bild, wie wissend, zu Bekannten:
Die Hufe sind besetzt mit seltsamen Metallen.

Das Wasser spricht allein: muß jubeln und kann klagen.
Den Tempel kennt kein Mensch – und kaum geträumte Wesen:
Im Urwald, heißt ein Spruch, mag er bei Nacht entragen!

Die Elefanten scheint ein Zauber zu erlesen:
Sie bleiben einsam, merken nie die bleichen Fische;
In ihren warmen Schlaf kommt einst der Schwan der Frische.

Can Grande della Scala

Dante spricht:

Des Menschen Einsturz ward zur Hölle. Sie ist selbstgewollt.
Ureingestanden schon im Geiste, der sie ausgedacht:
In Erdgebornen eigenmächtig wieder aufgerollt.

Die Sternentreppe glüht zum Abfall: sündhaft angefacht.
Sie führt herab. Es trotzt ihr Grundzerbruch als Stein.
Im Baum ist noch das letzte Gottverlassensein erwacht.

In Blüten wird die liebliche Besinnung hold und rein.
Dann folgt das Tier. Zugleich und wiederum ein Mensch: das Tor!
Durch diesen Tempel ziehn Gestirne in den Himmel ein.

In dir verknoten sich die Lichtsterne, die Gott verlor.
Denn nur in uns sprießt seiner Rechten Seelenfall zum Keim:
Seh ich Gestirne gläubig an, so hoffen sie empor.

So bist du der Entschluß der Welt: sie kehrt im Heiland heim.
Doch in Zerfallenen erstürzt sie niemals ihren Grund:
Unendlichkeit wird Satans Schlangenweg durch Zeugungsschleim.

Dein Gott ist da: seit Ewigkeit das Wort aus eignem Mund.
Erfaßt du ihn, so hat das Ich der letzte Stern erreicht:
Du knüpfst kein Band, denn urvollkommen blüht der hohe Bund.

Verknotung schlingt hinunter, doch Entschlossenheit macht leicht;
Darum verschwör dich nie, denn schwerverbindlich bleibt ein Schwur:
Verström dich im Gesang, und alle Weltbelastung weicht.

Es schwingt die Erde durch den Rhythmus an der Sterne
Schnur.
Die Sonne hofft in Glut: Wir sind dem Heil schon anvertraut.
So still wie hier wirds nie: zur Umkehr mahnt die leise Uhr.

Sie schlägt! Ob du erwachst? Ins Traumgetürm ist sie gebaut.
Zu hoch? Und doch aus dir! Um tief zu horchen, Holder,
schweig!
Die Taube kommt: das Wort. Den Raubvogel verscheuch: den
Laut.

Gar sanft erfaßt dich der Bescheid aus dir: Das ist mein Steig!
Entschicksalt stehst du da: dem Ich geholt, dir zugewandt.
Zu deines Herzens Frommen komm: schon grünt der Wander-
zweig.

Den Frieden, dir beschiednen, kannst du künden übers Land!
Wie einfach wird der Augenblick, da du erstaunt gewahrst:
Zu Gott kehr ich zurück: jetzt blüht der Stab in meiner Hand.

Wie froh wird alles Tun, wenn du uns Güte offenbarst.
Bedenk: ein Schritt zur Wut: in Schutt und Schuld, dem
Schlund, dem Sturz
Wärst du verfallen: Mensch, der du Bekehrte um dich scharst.

Die Freiheit des Sich-tief-Erahnenden ist stumm und kurz:
Dir wölben der Gebote Bogen sich empor ins Heil.
Du wankst? Du schwankst. So fühl die sichre Kraft des Engel-
gurts!

Dich packte Schwindel! So nur saust du immer: rasch und steil.
Hinab! Der durch sich selbst Belastete: von Grab zu Grab.
Ein in den Schlund, ganz ohne Gnad, verschoßner Flammen-
pfeil.

Dir wäre Ankunft in der schwarzen Höllenglut ein Lab.
Dir gibts kein Irgendwo. Du kanntest nie die rohe Pflicht.
Warum ergriffst du nicht, in Wandlungswunsch, den eignen
    Stab?

Noch bleibt dir der Entschluß? So halte selbst im Geist Gericht!
Du bist ein Taumelnder, dem eignen Absturz zugesinnt.
Du schwebst, ein Flehender, vor deines Gottes Angesicht...

Die Treppe zum Nordlicht

BEI BÄUMEN MAGST DU BETTELN, selten nur zu Freunden gehn.
Den Sommer singen sie dir froh aus goldnen, holden Nestern.
Von Baum zu Baum! Die Vögel werden dir zur Seite stehn.
Sei täglich du. So jung! In Wäldern kenne nicht dein Gestern.

Bei guter Sonnenlaune zieh den Wolken keck entgegen!
Dem Wasser lach ich zu, das silbernd aus dem Himmel saust.
Gelobt sei uns, unendlich guter, voller Sommerregen.
Gewitterwucht auch du, die unter uns verborgen haust.

Brich auf, Gewitterbaum, entwurzle dich, um hoch zu
    wandern!
Beblüht mit Blitzen, donnre deine Frucht in uns: die Furcht.
Erdroh nicht bloß in mir die Tat: durchbange auch die andern.
Zerwühl zutiefst die Seelenheit: sie bleibe uns durchfurcht!

Dann, Abendsonne, senk dich bald auf meines Freundes Haus.
Heut nacht bin ich sein Gast: wie herzhaft tritt er mir entgegen.
Dann komme Schlaf: von Traum zu Traum, zieh ich aus mir
    hinaus!
Und wieder flieg ich frei: mein Blitz auf vielen Wolkenwegen.

VOR MIR DIE NACHT, und auch das Meer: wie schon so oft!
Ein junger Tag aus altem Urlicht kann erstehn.
Der Mensch im Morgen kommt, auf den die Seele hofft:
Im Winde fühlen wir verwandte Sprachen wehn.
Wir kennen sie nicht mehr, seitdem wir Wesen sind;
Sie mußten, als wir dachten, untergehn:
Doch es vernimmt sie, Eltern zugeträumt, das Kind!

Die ersten Silben wurden uns vom Schöpfer eingehändigt.
Dann kam der Tag in uns, da wir aus sanften Banden brachen.
Zwar hat sich das Geschöpf die Sonne, Erde, Mond gebändigt,

Doch bloß zur Tat glimmt noch das Wort, trotz der gereizten Sprachen!
Sie wurden starr: wir konnten den Beruf in uns nicht hören.
Doch Helden haben immer sich von Volk zu Volk verständigt:
Verstummt zur Tat, bei lautem Tun! Und Feindschaft wird nicht stören.

Verheißne See, bei Sturm, zerreiß den Notschrei des Matrosen:
Das Wunder wurzelt unter uns: er möge sichs erfinden!
Ein Brandungsprall, samt Leiberschrei, muß sauslos bald verschwinden:
Der Urton ins Gebot wird nach dem Tod uns noch liebkosen.
Es sollen stumme Worte kalter Flamme sich verbinden,
Dann löscht der Leuchtturm aus: zertrümmert stürzt das Kap in Schaum.
Der Baum gespenstert grell, doch Menschen wallen aus dem Traum.

Der Mann erblaßt: die Welt verstummt ihm, wie aus Eis.
Er ahnt das stille Urlicht glimmen.
Ich trag den Keim. Das Reis wird klimmen.
Du willst den Feuerbaum: er wächst auf dein Geheiß:
Schon blüht das Herz: und Pfingsten sternen auf.
Wir, Volk und eine Glut, verstehn die tiefsten Stimmen:
Dem Norden unter uns gehorcht der Sonnenlauf.

Wir sind vom Geiste, der nach sich gesetzte Sterne schuf:
Da ihm der sternenüberblühte Weltenbaum entsproß!
Wir stehn im Mai. Nur eine Frucht, in die ich mich ergoß,
Wird reif: die Erde! Noch hört sie nicht den Urbesinnungsruf.
In rascher Ungeduld hält sie ihr Werdewort umschlungen!
Das Ende und auch Anfang bleibt, daß es der Mensch umstuf,
Bis er dereinst, von Stern zu Stern, ins eigne Ich gedrungen.

Der erste Stern, der sich in Männerstimmen wachgesungen,
Soll meine Erde sein: ein Weib in holden Schöpferarmen.
Aus ihrem Leib hat sich zu Gott der Menschensohn geschwungen.
Wir baten ihn: Er kam. Er hatte mit sich selbst Erbarmen.
Ein Ruf ins Ich! den wir im Sprachgenarr verkramten,
Ist Jesus Christus Selbst. Ihm folgen die Zuerst-Erlahmten!
Geburten gehen vor. Uns werden Geister Arme unter Armen.

Die Erde wird ein hellster Stern: der Norden aller Sonnen.
Die letzte Sonne bricht hervor. Dein Herz beginnt ihr Glimmen.
Den schönsten Mond bringt meine Hand. Das Werk hat tief begonnen.
Dem Nordschein bin ich anvertraut: er hat den Vorrang aller Tat.
Er funkelt schon. Wo unsre Finger Mondharfen noch stimmen.
Beim Einsturz konnten wir den Notstern Erde rasch erklimmen:
Urfruchtbar bleibt der Mann: es birgt dein Weib der Sterne Saat.

Das Sternenkind

Das Sternenkind

Der Mensch muß fliegen! der Mensch muß fliegen! verbreitet den Sturm!
Vertilgt im Herzen, vertilgt im Leibe den furchtsamen Wurm!
Ersehnt im Winde, erhofft im Winde den wehenden Geist!
Beruft im Dunkel das Kind der Sterne, das Schweben verheißt!
Erträumt Gefahren, erfiebert Schrecken, entfesselt das Leid!
Kometen helfen. Gestirne drohen. Erfaßt euch im Streit!
Den Wurm ertötet, den Wurm verachtet, verwundet den Wurm.
Bewacht die Warten, sie harren und warten, entwuchtet dem Turm.
Der Tod ist machtlos! Entfliegt ihm lachend! Verbreitet den Sturm!

Der Mensch muß fliegen, den Schwindel besiegen, die Erde bekriegen!
Die See hat die Wolken, die Seele ihr Wollen, der Mensch muß fliegen!
Der Strand hat Bäume, der Geist seine Träume, der Mensch wird siegen.
Das Meer hat Wellen, der Mensch seine Hellen, sich lichtwärts zu wiegen.
Der Wind hat Spiele, das Kind seine Ziele, es wittert das Fliegen.
Den Zäumen entträumt: die Räume zu säumen, entbuchtet im Sturm!
Die See hat Stürme, die Seele hat Türme, umwittert den Turm!
Die See kann sehen, die Seele erwählen, verwundet den Wurm!

Ich wähle die Seele, erwäge die Geister und schwebe als Traum.
Ich schaue in Herzen, berausche mich schaudernd: ihr traut einem Baum.
Ihr grünt und erblüht, ihr durchsprüht, überflügelt den Raum.

Es glauben die Herzen, wie glühende Kerzen. Es leuchtet der Baum!
Es beugen die Fichten die Träume der Sterne zur Erde hernieder.
Euch alle belichten Geschichten der Ferne, die still sind und Lieder.
Wie gerne erschimmern die Sterne! wie herrlich erglüht euer Baum!
Erblühen schürt Glühen, Entsprühen. Der Baum wird ein Traum.

Der Traum ohne Baum ist ein Band ohne Saum. Entbrandet als Schaum!
Bewacht eure Träume, berauscht euch durch Träume. Es leuchtet der Turm!
Die Lichtfichte flimmert. Die Goldwolken drohen. Es blutet der Sturm.
Es träumen die Kinder. Der Wind wird gelinder. Es zuckt schon der Wurm.
Wer Schneewehen wittert, bedenkt sich, erzittert. Es dunkelt der Turm.

Die Jugend erstirbt nicht. Die Weite gebiert sich. Die Kindheit wird siegen!
Was naht ohne Alter? Was will, durch die Finsternis schwirrend, sich wiegen?
Ein glastender, kalter wahrhaftiger Falter wird Fernen erfliegen.
Wer wirbelt? Was hascht sich? Wann wähnt sich ein Wagnis? In Kriegen!
Wir fliegen? Es sterben die Sterne. Wie gerne, wie ferne! Wir fliegen.

Anhang

Harald Kaas
Aurora Borealis und Gnosis
Zur Dichtung Theodor Däublers

> Wenn wir unserer Phantasie freien Lauf ließen, könnten wir uns vorstellen, daß am Anbeginn aller Zeiten, am Morgen nach einem göttlichen »Fiat lux« das Licht, allein auf der Welt, allmählich durch fortschreitende Verdichtung das materielle Universum so geschaffen hat, wie wir es heute dank seiner schauen dürfen. Und vielleicht wird eines Tages, wenn die Zeit sich erfüllt hat, das Universum seine ursprüngliche Reinheit wiederfinden und sich von neuem in Licht auflösen.
>
> Louis de Broglie
>
> Die Nordlichter scheinen weniger geräuschvoll geworden zu sein, nachdem ihr Auftreten genauer registriert wird.
>
> Alexander von Humboldt

I

Es gibt einen Gott der Philosophen, der sich vom Gott der Theologen auf zweifache Weise unterscheidet: entweder birgt er Abgründe, Finsternisse in sich, die der Theologie befremdlich sind, oder er muß auf seinen Namen verzichten, den einzigen, den er hat – also nicht wie Allah bloß auf den hundertsten, welchen die Wissenden ehrfürchtig verschweigen. Anders verhält es sich mit dem Gott der Mystik. Ihm gegenüber verhalten sich inspirierte Denker weitaus bescheidener als die ergriffenen Frommen. Während dialektisch orientierte Theologen jegliche Mystik verwerfen, da sie in ihr die Tendenz zur Selbsterlösung sehen, verweigern seit jeher Denker, denen nach langem Grübeln Sein und Nichts in eins gefallen sind, dieser Einheit den Namen Gottes – jenes, wie Valéry sprachkritisch bemerkte, von seinem Namen Besessenen.

Martin Heidegger, der sich mit seinem Antipoden Wittgenstein in dem Bestreben, die Metaphysik zu überwinden, brüderlich zusammenfand, hat so wenig wie der Verfasser des »Tractatus« daran gedacht, die mystischen Perspektiven seines Denkens zu theologisieren. Beide sind, wie wir heute deutlicher sehen, Kant verpflichtet; sie kennen Gefahr und Segen der transzendentalen Reflexion – doch sie bewegen sich unter Dingen, nicht unter deren bloßen Erscheinungen. Hat die Welt einen Sinn, so würden sie sagen, muß er außerhalb eines als begrenzt gedachten Ganzen liegen, innerhalb dessen alles geschieht, wie es eben geschieht. Dinge an sich freilich, die außerhalb der Anschauungsformen von Raum und Zeit lägen, sind Undinge, über die man nur Unsinn reden kann, da wir durch sie genötigt sind, gegen die Grenzen der Sprache und somit gegen die Grenzen der Welt anzurennen. Wittgensteins Mystik entzieht an diesem Punkte der Sprache das Wort, Heidegger hingegen läßt sich auf ein »Sagen« ein, das – man beachte die Tautologie – auch dann etwas »sagt«, wenn über »nichts« gesprochen wird. Erinnert Heideggers Verfahren an gewisse Methoden der hermetischen Poesie, die er in einigen ihrer Vertreter nachhaltig beeinflußt hat, so gemahnt Wittgensteins Denkstil an jene zenbuddhistischen Denklabyrinthe, die man verläßt, um draußen festzustellen, daß der Baum wieder zum Baum, die Wolke wieder zur Wolke geworden ist. Hätte Wittgenstein, der Liebhaber Uhlands und Gottfried Kellers, gewußt, welche Literaten sich heute auf ihn berufen, indem sie seine Sprachspiele zu grammatischen Zentauren pervertieren, die von schlechter Metaphysik triefen – er hätte mit Abscheu reagiert. Wie aber, so frage ich mich manchmal, hätte er es mit Musil oder Däubler gehalten, den beiden Gnostikern unter den deutschen Dichtern unseres Jahrhunderts? Gnostiker nämlich sind, wie Musil einmal von sich sagte, in Dingen der Sprache konservativ. Und dies aus guten Gründen.

2

In nahezu allen gnostischen Systemen begegnen wir der Vorstellung eines uranfänglichen, höchsten Gottes, aus dem sich die Äonen entfalten. Hohe göttliche Wesen, Inkarnationen des Lichts, sind – wie etwa im Manichäismus – in die Finsternis der Materie gestürzt und harren ihrer Erlösung. Es gilt nun, eben durch Gnosis, die gefallenen Geister des Lichts emporzuheben und heimzuholen in die Sphären des höchsten Gottes.

In säkularisierter Form durchziehen solche Gedanken, beginnend mit dem deutschen Idealismus, die gesamte Moderne. »Gottwerdung und Revolution« ist eine der bekannteren Parolen, die Rede vom »kosmischen Christus« als dem Alpha und Omega der Evolution eine andere.

Die Gnosis Musils – um nun auf die Dichter zu kommen – besteht in einer Vergeistigung aller toten und lebenden Materie, wie sie im Panpsychismus der Leibnizschen »Monadologie« vorgeprägt ist. Ähnlich Valéry, der bekannte, einen Roman – sofern er überhaupt einen schriebe – nur auf der Grundlage des »Discours de la méthode« des Descartes verfassen zu können, erkor sich Musil als Grundlage seines »Mann ohne Eigenschaften« die »Monadologie«. Ist aber für Leibniz Gott der »zureichende Grund« alles Existierenden, so macht Musil aus ihm den »unzureichenden Grund«. Gott ist nicht da, sondern wird erst kommen, wenn ihm der Weg kürzer gemacht wird als bisher. An der Verkürzung dieses Weges arbeiten, jeder auf seine Weise, die Protagonisten von Musils Roman. Während auf der Erde alles geschieht, wie es eben geschieht, d. h. mechanisch funktioniert, setzt Musil dieser kausalen Maschinerie von Wirkursachen das Denken in Finalgründen entgegen: Tue nur, was seelisch von Wert ist, beachte die *causa finalis,* kümmere dich nicht um die mechanischen Ursachen deines Handelns, sondern um die ethischen Motive – also um die Zweckursachen! Handelt einer aber so, dann geschieht eben nicht mehr alles, wie es geschieht, sondern das Ganze bekommt *Sinn*, weshalb denn Musil auch »Sinngebung« als zentrales Motiv der Dichtung bestimmte. Sinnvolle Zusammenhänge statt kausaler bedeuten jedoch den Verzicht auf logische Konklusionen, an deren Stelle die *Analogie* tritt. In diesem Punkt trifft sich Musil mit dem sonst so anders gearteten Däubler.

Däublers Weise, das Licht zu schauen, wirkte schon in Gnosis und Mystik, in der Weltdeutung Keplers, Goethes und Schellings, in dem sehr deutschen Drang, aus der Seele des Menschen das All, aus der Sonnenhaftigkeit des Auges die Sonne selbst zu begreifen. So spiegelt sich für Däubler das Universum in dem Organismus des Menschen, der Makrokosmos im Mikrokosmos; der Schlag des Pulses gibt der Quelle die Kraft; das sonnenhafte Auge, von dem Plotin und Goethe wußten, ist das Ebenbild der spendenden Sonne.

3

Etwa 1879, drei Jahre nach Däublers Geburt, erkannte Tromholt als erster die planetarischen Dimensionen des Polarlichts. Als Däubler 1898 mit der Niederschrift seines Nordlicht-Epos begann, war diese Entdeckung kaum bekannt. Der naturwissenschaftlichen Erkenntnis fügte Däubler seine gnostischen Anschauungen hinzu, welche die Welt der Physik, in der es weder Licht noch Finsternis, weder Antlitz noch Auge gibt, durch die Vision einer »Geistmenschheit« ergänzen. In den Zahlen, Konstanten und Gleichungen der Physik enthüllt sich nur eine bestimmte Seite des Seienden. Offenbar war es nötig, das Weltall zu »töten«, es von allem Lebendigen, also auch vom erkennenden Subjekt abzulösen, um schließlich als letzte, einfachste Bestandteile des Universums »Masse« und »Energie« zu gewinnen. Demgegenüber beharrte Goethe – und Däubler sollte ihm darin folgen – auf der Einbeziehung des erkennenden Subjekts: »Zu jeder Erfahrung gehört ein Organ. Was für eines? Es muß produzieren können. Was? Die Erfahrung. Es gibt keine

Erfahrung, die nicht produziert und erschaffen wird.« Das heißt: Wir mögen uns drehen und wenden, wie immer wir wollen, wir kommen dennoch von unserem Menschsein nicht los! Das bedeutet nicht »Subjektivismus«, jedenfalls dann nicht, wenn wir den Menschen als »Mikrokosmos« auffassen, in dem der »Makroanthropos«, nämlich das Weltall, sich selbst beschaut, erlebt und erdenkt. Weder aus der Lichtlehre der Gnosis noch aus der ihr verwandten Farbenlehre und Optik Goethes lassen sich Prinzipien gewinnen, die technisch verwertbar wären. Goethe und Newton sind keine Gegner; sie erforschen verschiedene Wirklichkeiten.

4

Däubler pflegte, ganz im Goetheschen Sinne, von den Taten und Leiden des Lichts zu sprechen. Damit ist gesagt, daß die Bereiche von Licht und Farbe viel umfassender sind als dasjenige, was die Physik zwar als »Licht« und »Farbe« bezeichnet, aber doch nur als Wellenfrequenz und Wellenlänge versteht. Unter gnostischem Aspekt gesehen – und so auch bei Däubler –, ist das Licht über »Wissen« und »Bewußtsein« der »Wahrheit« verwandt. In diesem Sinne gilt von jeder Art Licht, sei's physisch erfaßtes Lampenlicht, sei's Augenlicht oder der einsichtsvolle Gedanke, daß es – nach den Worten Otto Julius Hartmanns – das Seiende der Verborgenheit und Vergessenheit (griechisch Lethe, Letheia) entreißt, es unverhüllt, offenbar und wahr (griechisch A-letheia) macht.

Wahrheit, so verstanden, ist mehr als eine Ansammlung von Wissen. Dem logischen Denken, das aus Beobachtung und Voraussetzung Schlüsse zieht, steht eine andere Denkweise gegenüber, die aus der Schau erwächst: das gnostische Denken. Um dessen Wesen begreiflich zu machen, hat Alfred Schmid, ein Neognostiker unserer Tage, dessen Überlegungen sich in vielerlei Hinsicht mit den Gedanken der »Gnostiker von Princeton« berühren, folgenden Vergleich gewählt: »Stellen wir uns einen unbeleuchteten Raum vor, so ist es möglich, durch Messung der Seitenlängen und Winkel Schlußfolgerungen über seinen Innenbau zu ziehen. Nehmen wir nun aber an, es befände sich in diesem Raum ein Licht, für dessen Strahlung die Augen gewisser Menschen empfänglich sind, dann würden eben diese Menschen das Innere des Raumes sehen und darüber Aussagen machen und Zeugnisse ablegen können, ohne sich mit Messungen befassen zu müssen. Sie sind imstande, das *Wesentliche* über den Raum auszusagen, auch wenn sie die Einzelheiten und Maßstäbe nicht genau erfaßt haben.«

Damit ist Däublers gnostische Gleichung Licht = Weltinstinkt = Geist = Liebe genau umschrieben. Schmid, von dem ich nicht weiß, ob er Däubler kannte, resümiert denn auch: »Das Licht, welches der gnostischen Schau leuchtet, ist der Geist. Es ist der Geist, der mit Liebe amalgamierbar ist. Er ist allgegenwärtig wie die Strahlen der Sonne. Er ist das kosmische Licht, dem in der Sage einst das dritte Auge entsprach.« Er ist aber auch jenes zeugende Organ, von dem Goethe spricht, ist, wie wiederum Goethe wußte, die Sonnenhaftigkeit des Auges, die uns den Anblick der Sonne ermöglicht.

Dem Gnostiker bedeutet die sichtbare Welt eine Entsprechung der unsichtbaren, die erreicht sein wird, wenn, wie der deutsche Idealismus es anstrebte, das All sich im Menschen zu denken beginnt. Die letzte Zeile des »Nordlichts« lautet: »Die Welt versöhnt und übertönt der Geist.« Da Geist auch gnostisches Licht bedeutet, nimmt Däubler hier offenkundig Goethes Vision der in Brudersphären tönenden Sonne auf, jene pythagoräische Analogik, der wir entnehmen können, daß die Entsprechung von sichtbarem Universum und unsichtbarem Kosmos das *Gleichnis* ist. Analogisch betrachtet, sind Kain und Abel, Lilie und Schlange, Rose und Skorpion, selbst Gott und Satan keine Wertungen, sondern bedeuten einen Ort im Kosmos – wie auch für die alten Gnostiker Satanael nicht das schlechthin Böse verkörpert, sondern der dunkle Bruder Christi ist. Womit der gnostische Grundgedanke, den auch Däubler aufnimmt: daß

Finsternis mehr ist als die Abwesenheit von Licht, ebenso zart wie eindringlich umrissen wird.

5

Otto zur Linde und Rudolf Pannwitz, zwei Geistesverwandte Däublers, haben gewaltige Epen hinterlassen, die noch ungedruckt sind. Däubler begann umgekehrt sein Dichten mit seinem Lebenswerk, dem »Nordlicht«, rund 30 000 Verse auf beinahe 1200 Seiten. Als erster hat Carl Schmitt, einer der frühesten Interpreten Däublers – und übrigens auch einer der ersten, die Einblick in den noch unveröffentlichten »Mann ohne Eigenschaften« nehmen konnten –, auf den gnostischen Charakter von Däublers Hauptwerk hingewiesen. Der Grundgedanke des Epos besagt, daß die Erde – ursprünglich zur Sonne gehörig – abgefallen, also abtrünnig geworden sei. Das entspricht dem gnostischen Mythos vom gefallenen Urmenschen, der ja – ebenso wie die Erde – zum Licht zurückstrebt. Das Leben, lehrt Däubler, sei auf der Erde entstanden, um die Heimkehr ins Licht zu ermöglichen. Da Licht bei Däubler, wie in der Gnosis, mit Geist gleichgesetzt ist, wird die Heimkehr Folge einer umfassenden Vergeistigung sein. Die Stufung des Lebens – Pflanze, Tier, Mensch – führt zur allmählichen Vergeistigung der Materie, die Erde wird heimkehrfähig. Der Mensch, das am deutlichsten perzipierende Wesen, wird die Welt »emporvergeistigen«. In der Aurora Borealis, dem polaren Lichtphänomen, kündigt sich diese Vergeistigung an. Carl Schmitt hat 1946, in dem Essay »Zwei Gräber«, diese gnostische Lichtlehre Däublers so ausgelegt:

»Jener Vers von dem Geist, der die Welt versöhnt, ist der letzte Vers von Däublers großem Epos ›Das Nordlicht‹, sein Schluß, seine Conclusion. Das Werk selbst ist so voller Leben und Seele, daß wir uns hier mit polemischen Antithesen von Geist und Leben und Geist und Seele nicht aufzuhalten brauchen. Das war mir von Anfang an klar. Aber der eigentlich geschichtsphilosophische Sinn des Nordlicht-Symbols ist mir lange verborgen geblieben. Ich habe, in einer noch sehr jugendlichen Schrift aus dem Jahre 1916, eine christliche Deutung gegeben, und Däubler, in seiner grenzenlosen Großzügigkeit, hat das ohne Widerspruch hingenommen. Heute weiß ich, daß das Nordlicht in dem fahlen Schein einer Menschheits-Gnosis leuchtet. Es ist das meteorologische Signal einer sich selbst rettenden Menschheit, eine autochthone Strahlung, die von den Promethiden der Erde in den Kosmos hineingesendet wird. Der geistesgeschichtliche Zusammenhang, in dem Däublers Idee vom Nordlicht zu verstehen ist, wurde mir erst deutlich, als ich einen Aufsatz von *Proudhon* kennenlernte, mit einer längeren Anmerkung über das Schicksal der Erde und ihrer Menschen. Der ideenreiche französische Revolutionär, der solche Spekulationen liebte, spricht davon, daß es das Schicksal der Erde ist, allmählich zu erkalten und wie der Mond zu sterben. Die Menschheit muß dann mit ihrem Planeten sterben, wenn es ihr nicht gelingt, sich zum Geist – *Spiritualité, Conscience, Liberté* – zu sublimieren. Für Däubler ist das Polarlicht der tellurische Zeuge und Bürge eben dieser Rettung der Menschheit durch den Geist. [...] Ich vermute, daß die promethidische Nordlicht-Idee aus Saint-Simonistischen Kreisen stammt. Jedenfalls wird sie dort ihre geistesgeschichtliche Virulenz empfangen haben. Wie weit Däubler in ihre Esoterik eingeweiht war, ist mir nicht bekannt. Seine intuitive Kenntnis antiker Mysterien war erstaunlich, doch... das Nordlicht ist kein antikes Mysterien-Symbol. Däubler kannte und wußte unendlich Vieles aus Gesprächen und auch aus scheinbar zufälligen, phonetischen Begegnungen, die seinen Witterungen immer neue Nahrung gaben. Der *genius loci* von Florenz, die unabsehbare Wirkung Bachofens und andere Ideenherde des 19. Jahrhunderts haben auch ihn erfaßt...«

6

So bedeutsam Schmitts Hinweis auf den gnostischen Charakter des »Nordlichts« ist, er läßt doch Däublers expliziten Bezug auf die Gnosis unberücksichtigt, deren wesentliche Gedankengänge Däubler ausdrücklich thematisiert. Zunächst unterlegt er die gnostische Denkweise, die sich nicht geradlinig, sondern im Kreis bewegt, seinem Epos als Kompositionsprinzip: Ende und Anfang gehören zusammen! Dieser Gedanke, gipfelnd in Christi Bekenntnis, er sei das Alpha *und* das Omega, wird in der modernen Dichtung, von Rilke bis Pound und Eliot, immer wieder aufgenommen und variiert. Bei Däubler konkretisiert er sich in der Figur des Runden, der Kugel, des Kreises, in denen das Ziel jedweder Gnosis symbolisiert ist: die Selbsterkenntnis des Menschen und seines göttlichen Ursprungs im Lichte sowie seine Erlösung durch Rückführung zu diesem Ursprung.

Ausdrücklich übernimmt Däubler den gnostischen Mythos vom »Ahnen«, dem in die Materie herabgestürzten »Urmenschen« – am deutlichsten in dem Gedicht »Mein Grab ist keine Pyramide«, das zur expressionistischen Zeit unter den jungen Dichtern so beliebt war wie van Hoddis' »Weltende« und Paul Boldts »Junge Pferde«. In diesem Gedicht wird der »Ahn« im »Schacht« beschworen und aufgefordert, auf seine »Grabesruhe« zu verzichten, auf daß sein »Herzensstern« die Welt belichte. Das Gedicht schließt mit den Zeilen:

> Mein Atmen schaffe klare Taggestalten,
> Die kaum erschaut den Ararat zerspalten!

Hier wird also neben der Lichtlehre auch die gnostische Atemlehre übernommen. Denn Gott ist in der Gnosis nicht nur als Licht, sondern auch als Pneuma symbolisiert. Däublers Lehre vom Pneuma lautet: »Der untere und mittlere Teil unseres Leibes ist ein bewegliches Gefäß, in das der fromme Baum aus Eden gepflanzt ist; seine Wurzeln allein können hier fassen mit unserm Sinnen und Tasten: sie sind jedes Menschen Lungen... Meine Pflanze, jedes Wesens Pflanze, die in das Paradies ragt, bleibt lufthaft, ist Geist...« Der gnostische Urmensch, auf den Däubler Bezug nimmt, ist über die geschlechtliche Teilung erhaben, er ist Symbol der uranfänglichen und künftigen Aufhebung der Gegensätze von Weiblich und Männlich in der Lichtwelt. Die ursprüngliche Einheit der Geschlechter, ihre Entzweiung in Männlich (Sonne, Geist) und Weiblich (Erde, Leib) und ihre künftige Versöhnung ist das menschliche Thema, das Däublers Dichtung durchzieht. Es kommt dabei, obschon die Reise durch Räume und Zeiten führt, immer wieder zu gleichsam ekstatischen »Augenblicken«, in denen alle Gleichheit, die ja Zweiheit voraussetzt, einem Erleben der Einheit, der »Identität« weicht, wie sie sich im fundamentalsten und zugleich rätselhaftesten Grundsatz menschlicher Erkenntnisfähigkeit ausdrückt, in der Feststellung A = A.

7

Zu Däublers Lebzeiten bestand kein Zweifel, daß er zu den Expressionisten zu zählen sei. Er war einer der repräsentativen Autoren der »Menschheitsdämmerung«, jener berühmten, von Pinthus herausgegebenen Anthologie des Expressionismus, und gelegentlich notierte er, Rimbaud und er selbst seien eigentlich die einzigen echten Expressionisten.

Heute reiht man ihn, meist zusammen mit Mombert, dessen kosmologische Ambitionen er teilt, gewöhnlich unter die Vorläufer des Expressionismus ein. Um über Däublers Position Klarheit zu gewinnen, ist es nötig, einen Blick auf seine lyrische Technik zu werfen.

Die Stimmen, von denen er sagt, sie tönten aus seinem Inneren und diktierten ihm seine Verse, reißen die zwischen den Begriffen errichteten Scheidewände nieder, indem sie sich assoziativ verknüpfen und – die Verwandtschaft der Laute ausnützend – Sinn durch *Assonanzen* stiften. Sinngebung und Sinneserfahrung, in denen das Wort »Sinn« ja verschiedene Bedeutung hat, fallen, rein klanglich, in eins. Ebenso ichhafte Regung und kosmischer Ablauf, stoffliche Kausalität und seelische Finalität. Daß dies keine Spielerei, sondern gleichsam nachtwandlerischer Ernst ist, beweist eine Anekdote, die Lothar Schreyer in seinen »Erinnerungen an Sturm und Bauhaus« erzählt.

Schreyer, Herwarth Walden, Däubler und Rudolf Blümner, der Sprecher des Expressionismus, sitzen in einem Berliner Restaurant. Blümner hat gerade sein abstraktes Wortkunstwerk »Angolaïna« beendet, worin er, auf jedes umgangssprachliche Wort verzichtend, lediglich mit Lautklängen und Rhythmen eine neue Sprache geschaffen hat, die jeder semantischen Dimension ermangelt – eine Parallele zur absoluten Malerei Kandinskys. Däubler, in Dingen der Sprache, wie gesagt, konservativ, bezeichnet das als Nihilismus; denn das Wort sei nicht nur eine verabredete Form der Mitteilung, eine Form, die man willkürlich zerschlagen könne, sondern es sei die Lautentsprechung einer *geistigen* Realität. Auf Einwände Waldens erwidert Däubler: »Nein, Freunde, es ist ein theologisches Problem. Der Schöpfergott ist Wort und Bild zugleich. Wer das Gedankenbild wegnimmt, zerstört auch das Wort und bleibt hängen in der Welt der Elemente, die für sich nichts sind.«

Aus der Verkündigung, daß das Wort Fleisch geworden sei, hatte schon Novalis gefolgert: dann müsse Gott auch Blume, Tier, Stein und Stern werden können. Somit wäre alles Irdische vergeistigt – Logos und sinnliches Erscheinungsbild fielen in eins.

Der Rhythmus ist ein Himmelsflug und zeitigt Träume,
Die Silbenleiter führt zu dauernden Gedanken,
Die Reime sind die Blüthen erdentreckter Bäume,
Und deren Duft Gefühle, die durch Seelen schwanken.

Da Däubler mitunter mit gefährlicher Leichtigkeit reimt, fehlt es nicht an gelegentlichen Entgleisungen. Insgesamt gilt jedoch, daß seine Auffassung vom Reim an Bedeutsamkeit nicht hinter den Auffassungen von Karl Kraus und Oskar Loerke zurückbleibt. Kraus sah im Reim das Einverständnis von Gedanken, Loerke das Einverständnis von Dingen. Für Däubler bedeutet die Geschwisterlichkeit der Reime den Einklang von Logos (Geist) und sinnenhaftem Ding – Welt und Transzendenz vereinigen sich im Klang. Der Geist tönt.

Däubler, sein Leben lang arm, starb mit knapp 58 Jahren. Geboren wurde er am 17. August 1876 in Triest, der Hauptstadt der damaligen österreichischen Provinz Istrien, von deutschen Eltern. Die Familie des Vaters, eines begüterten Kaufmanns, stammte aus dem bayerischen Schwaben und war katholisch. Die Mutter kam aus dem protestantischen Schlesien. Däubler wuchs zweisprachig auf, zugleich in zwei Traditionen: hier die freigeistig-protestantische Atmosphäre des Elternhauses, in dem man dem Darwinismus huldigte, Ernst Haeckel und Carl Vogt las – dort die Welt der italienischen Dienstboten, deren Obhut Däubler mit seinen drei jüngeren Schwestern anvertraut war, und die seinen Hang zu Aberglauben und Okkultismus nährten. In beiden Sphären lebend, neigte der junge Theodor zu metaphysischen Spekulationen, in denen – als nie verbrauchtes Kapital einer unausschöpfbaren Kindheit und Kindlichkeit – bereits die Keime seiner späteren Weltauffassung lagen.

Da die Schule dem Knaben Schwierigkeiten bereitete, wurde er Hauslehrern überantwortet. Einer von ihnen, Gerin, hing Campanellas utopistischer Lehre vom Sonnenstaat (»Città del Sole«) an, und der junge Theodor faßte den Entschluß, ein »Impero del Sole« als kosmische Ergänzung der Utopie Campanellas zu schreiben. Er las Homer und Vergil, Mazzini, Carducci und den jungen D'Annunzio, versenkte sich in Schopenhauer und machte sich mit der Lehre Giordano Brunos bekannt.

Als Externer bestand Däubler das Abitur in Fiume und begab sich anschließend nach Wien, um seinen Militärdienst abzuleisten. Da seine Gesundheit sich als zu schwach erwies, wurde er nach sechs Monaten entlassen. In Wien, wohin gerade Gustav Mahler als Operndirektor berufen worden war, gehörte die Musik zu Däublers stärksten Erlebnissen. Vor allem aber wurde die deutsche Sprache, wie er berichtet, abermals seine Muttersprache. Er fuhr nach Neapel und begann dort, 1898, am Fuße des Vesuvs das »Nordlicht« in »deutscher Sprache«.

Nach einem halbjährigen Aufenthalt in Neapel beginnt Däubler sein unstetes Wanderleben, das ihn fortan durch die Städte und Regionen ganz Europas führen wird. 1900 ist er in Berlin und entschließt sich, im Januar 1901 nach Paris zu gehen, wo er sich mit Unterbrechungen etwa sieben Jahre aufhalten wird. Im Sommer 1903 wird während eines Aufenthaltes bei Freunden in der Champagne der erste Teil des Epos abgeschlossen.

In Paris haust Däubler in der Bohème. Wenn er kein Geld hat, nächtigt er als Clochard unter den Brücken – ein Elendsleben, das, ohne daß er's weiß, den Keim seines künftigen Siechtums in ihn einsenkt. Doch bringt ihn das Pariser Milieu auch mit vielen jungen Künstlern – unter ihnen James Joyce, den er nach einer Auseinandersetzung zum Duell herausfordert – in Kontakt und vermittelt ihm jene Kenntnisse der modernen Malerei, die ihn später zum Bahnbrecher und Verkünder dieser Malweise in Deutschland machen sollten. 1909 ist das »Nordlicht« nicht nur abgeschlossen, sondern auch schon zum erstenmal überarbeitet; es erscheint – durch Vermittlung Moeller van den Brucks, den er in Paris kennengelernt hat – 1910 in drei Großquartbänden in Deutschland bei Georg Müller/München.

In den folgenden Jahren, die Däubler wieder auf Reisen sehen, entstehen die Gesänge der »Hymne an Italien«, die symphonische Dichtung »Hesperien« sowie erste Versuche in Prosa. Den Ausbruch des Ersten Weltkriegs erlebt er in Italien; bei Kriegseintritt Italiens begibt er sich nach Dresden, später nach Berlin, wo er für längere Zeit ansässig wird. Während des Krieges wird er als Kunstberichterstatter »freigestellt«. Jetzt schreibt er seine zahlreichen Aufsätze und Artikel zur modernen Kunst. Nach dem Kriege entstehen »Die Treppe zum Nordlicht«, eine symphonische Dichtung in vier Sätzen, inspiriert durch die edle Schloßtreppe in Pillnitz, sowie das dramatische Fragment »Can Grande della Scala«. Schließlich wird, in Genf, die Umarbeitung des »Nordlichts« begonnen; anschließend folgt Däubler einer Einladung nach Griechenland, wo er den hellenischen

Mythos seiner Nordlicht-Vision anzuverwandeln trachtet. Es gibt, wie Werner Helwig sagt, nicht wenige Däublerianer, denen die Griechenlandarbeiten teuer sind und die in ihnen ein gültiges Gegengewicht zum Jugendwerk erblicken.

Anfang April 1921 macht sich Däubler nach Ithaka auf, wo innerhalb von sechs Wochen die sogenannte »Genfer Fassung« des »Nordlichts« vollendet wird. In Athen wohnt er für einige Zeit im Deutschen Institut, leidet jedoch anfänglich unter ähnlichen Entbehrungen wie während seiner Pariser Jahre. Später, als er Aufträge von deutschen Zeitungen erhält, bessert sich seine Lage; er kann zahlreiche Reisen ins Innere des Landes unternehmen und schließlich, als die Honorare reichlicher fließen, seine Unternehmungen durch eine Reise nach Kleinasien und Ägypten krönen. Doch die Entbehrungen sind zu groß – eine schwere Zuckerkrankheit befällt ihn und legt den Grund für die spätere Tuberkulose.

1926 kehrt Däubler nach Berlin zurück. Er begibt sich nach Marienbad, später nach Capri zur Kur. Sein Werk ist nun abgeschlossen, ja, man muß sagen: Däubler, der ohne präludierende Jugendverse gleich mit seinem Hauptwerk begann, hat sich ausgeschrieben. Er reist nun auf Vortragstourneen durch ganz Europa, gelangt nach Skandinavien, England und auf den Balkan. Auf Vorschlag Gerhart Hauptmanns wird er 1928 in die Preußische Akademie der Künste berufen; die deutsche Sektion des PEN-Klubs wählt ihn zu ihrem Präsidenten.

Es gab nur wenige Eingeweihte, die Däubler als großen Dichter erkannten. Seiner Leibesfülle wegen galt er als Kuriosum, wurde häufig photographiert sowie Gegenstand zahlreicher Karikaturen, doch kaum gelesen. Die Verbitterung über seinen Mißerfolg bei den undankbaren Deutschen und sein immer schwerer lastendes Siechtum überschatteten seine letzten Jahre. Im Herbst 1930 brachte er die dritte Fassung des »Nordlichts«, die schon in Athen begonnen wurde, zum Abschluß; damit war seine dichterische Sendung erfüllt.

1931 weilte Däubler noch einige Wochen in Griechenland.

Nach seiner Rückkehr wurde eine schwere Tuberkuloseerkrankung festgestellt. 1933 erlitt er in Italien einen Schlaganfall. Auf Anraten italienischer Ärzte, die ihm auf Capri nur noch einige Wochen Lebensdauer zubilligten, begab er sich in ein Sanatorium nach St. Blasien im Schwarzwald, wo er am 13. Juni 1934 um 21.13 seinem Lungenleiden erlag. Auf dem Waldfriedhof Heerstraße in Berlin-Westend liegt er begraben.

9

Däubler, den der mit ihm befreundete Barlach als ein Wesen von »knochenloser Majestät« bezeichnete, war, wie andere, die ihre Kindlichkeit ins Mannesalter hinüberretten konnten, ein Eingeweihter, dem in der Sinnenhaftigkeit der Dinge und Elemente sich die Sinnfälligkeit des Alls offenbarte. Ständig vom Reichtum seiner eigenen unausschöpfbaren Kindheit zehrend, durchmaß er die Äonen zwischen Menschheitskindheit und Menschheitsende, Alpha und Omega gnostisch vereinigend – ein unter Taube verschlagener Sänger, ein Prophet unter Hartherzigen mit verschlossenen Ohren. Er soll den Tag verflucht haben, an dem er sich für die deutsche Sprache entschied; denn die Deutschen wollten ihn nicht hören – keineswegs nur Hinz und Kunz, auch Geister von Rang standen ihm fremd gegenüber: Rilke und Loerke krittelten schulmeisterlich an ihm herum. Gepeinigt von schwerem Siechtum, unterm Fatum des Mißerfolgs leidend, lieh er schließlich seinen großen Namen für schwächliche Unterhaltungsromane her, die Freunde für ihn produzierten. Er hatte sich aufgegeben, ehe er starb. Als er starb, war er vergessen. Daran hat sich bis heute – trotz der Bemühungen einiger Freunde und Bewunderer, allen voran Friedhelm Kemp, dem wir die wunderbare Ausgabe der »Dichtungen und Schriften« (Kösel, 1956) verdanken – wenig geändert. Mitstrebende fand er kaum.

Wer ihn wiederentdecken will, tut gut daran, sich nicht durch pompöses Gehabe und Getue abschrecken zu lassen, sondern – gleichsam gegen den Strich lesend – Däubler dann zuzuhören, wenn er gesammelt, kindlich, einfach oder aber, den Assonanzen und Assoziationen vertrauend, prophetisch spricht: ein gewaltiger Sänger, der mit intuitiver Gelehrsamkeit die mythischen Register beherrscht oder, wo er ganz bei sich selbst ist, mit wenigen Worten die Stille zu »verdeutlichen« weiß, so daß der Leser vernimmt, was wenige Dichter auszusagen vermögen – die Antwort des Schweigens.

Zu dieser Auswahl

Vorangestellt sind Gedichte aus dem Band »Der sternhelle Weg«. Zitiert wird nach der zweiten (erweiterten) Auflage. – Leipzig: Insel-Verlag 1919.

Das Gedicht »Mein Grab ist keine Pyramide« aus dem »Nordlicht« wird zitiert nach der von Kurt Pinthus in der »Menschheitsdämmerung« gedruckten Fassung. Vgl. »Menschheitsdämmerung. Ein Dokument des Expressionismus«, neu herausgegeben von Kurt Pinthus. – Hamburg: Rowohlt-Taschenbuch Verlag 1959.

»Das Sternenkind« am Schluß der Auswahl entstammt dem »Ararat«-Zyklus des »Nordlichts«. – Text hier nach der Gedichtauswahl gleichen Titels.

Alle übrigen Verse (mit Ausnahme der ersten elf aus dem »Nordlicht« ausgewählten Gedichte, die der »Genfer Ausgabe« entnommen wurden) zitiert nach Theodor Däubler »Dichtungen und Schriften«, hrsg. von Friedhelm Kemp. – München: Kösel-Verlag 1956.

Die nach Kemp zitierten Gedichte aus dem »Nordlicht« entsprechen – soweit sich der Wortlaut nicht mit dem der »Genfer Ausgabe« deckt – dem Text der bisher nur handschriftlich vorliegenden »Athener Ausgabe« aus dem Nachlaß.

Im allgemeinen wurden nur solche Verse ausgewählt, die die Probe, der jedes Kunstwerk sich zu unterwerfen hat, nämlich die Probe durch die Zeit, bestanden haben. Doch wird dem Leser neben dem restlos Geglückten auch in der vorliegenden Auswahl das ein oder andere Ungereimte, besser gesagt: zu sorglos Gereimte begegnen, obschon Verse wie die folgenden über den römischen Karneval, die als negatives Exempel gelten mögen, natürlich nicht aufgenommen wurden:

> Nun fliegt wo ein Hut, und man zerrt eine Mähne
> (Erstochen wird jedesmal irgendein Mensch),
> Die Deutschen erleben dabei eine Szene,
> Und Engländer sitzen zufrieden beim Lunch.

In die Bibliographie wurden nicht aufgenommen die von anderen Verfassern unter Däublers Namen herausgegebenen Arbeiten; ferner fehlen Sonderausgaben, verschiedene Einleitungen zu Werken bildender Künstler sowie einige nicht durch Autopsie gesicherte, als Typoskripte vervielfältigte Werke aus dem Nachlaß.

Die biographischen Angaben des Nachworts stützen sich auf das Marbacher Magazin 30/1984: Theodor Däubler. 1876–1934, bearbeitet von Friedhelm Kemp und Friedrich Pfäfflin. (Viele biographische Daten in früheren Arbeiten über Däubler erweisen sich angesichts dieser grundlegenden Biographie als korrekturbedürftig.)

Bibliographie Theodor Däubler

1910 *Das Nordlicht.* »Florentiner Ausgabe«, 3 Bände, München und Leipzig, Georg Müller; überarbeitete und erweiterte »Genfer Ausgabe«, 2 Bände, Leipzig, Insel-Verlag 1921.

1914 *Wir wollen nicht verweilen.* Autobiographische Fragmente. München, Georg Müller; Dresden-Hellerau, Hellerauer Verlag (Jakob Hegner) 1915; Leipzig, Insel-Verlag 1921.

1915 *Der sternhelle Weg.* 68 Gedichte. Dresden-Hellerau, Hellerauer Verlag (Jakob Hegner); um 30 Gedichte vermehrt: Leipzig, Insel-Verlag 1919.

1915 *Hesperien.* Eine Symphonie. München und Berlin, Georg Müller; Leipzig, Insel-Verlag 1918.

1916 *Mit silberner Sichel.* Dresden-Hellerau, Hellerauer Verlag; Leipzig, Insel-Verlag 1920.

1916 *Hymne an Italien.* München, Georg Müller; Leipzig, Insel-Verlag 1919.

1916 *Der neue Standpunkt.* Aufsätze zur modernen Kunst. Dresden-Hellerau, Hellerauer Verlag; Leipzig, Insel-Verlag 1919.

1916 *Das Sternenkind.* Leipzig, Insel-Verlag.

1917 *Lucidarium in Arte Musicae.* Dresden-Hellerau, Hellerauer Verlag; Leipzig, Insel-Verlag 1921.

1919 *Im Kampf um die moderne Kunst,* Berlin, Erich Reiß.

1920 *Die Treppe zum Nordlicht.* Eine symphonische Dichtung in vier Sätzen. Leipzig, Insel-Verlag.

1921 *Der unheimliche Graf.* Hannover, Banas & Dette.

1923 *Der heilige Berg Athos.* Leipzig, Insel-Verlag.

1923 *Sparta.* Ein Versuch. Leipzig, Insel-Verlag.

1924 *Päan und Dithyrambos.* Eine Phantasmagorie. Leipzig, Insel-Verlag.

1924 *Attische Sonette.* Leipzig, Insel-Verlag.

1925 *Der Schatz der Insel.* Erzählung. Berlin, Wien, Leipzig, Paul Zsolnay Verlag.

1925 *Delos,* in: Deutsche Rundschau, Jg. 51.

1926 *Aufforderung zur Sonne.* Bekenntnisse. Gesellschaft der Bücherfreunde in Chemnitz.

1927 *Bestrickungen.* Novellen. Berlin-Grunewald, Horen-Verlag.

1928 *L'Africana.* Roman. Berlin-Grunewald, Horen Verlag.

1930 *Der Fischzug.* Hellerau, Jakob Hegner.

1932 *Can Grande della Scala.* Ein Fragment. Leipzig, Jakob Hegner.

1946 *Griechenland.* Aus dem Nachlaß herausgegeben von Max Sidow. Berlin, Karl H. Henssel Verlag.

1956 *Dichtungen und Schriften.* Herausgegeben (und mit einem Nachwort) von Friedhelm Kemp. München, Kösel-Verlag.

1965 *Gedichte.* Auswahl und Nachwort von Werner Helwig. Stuttgart, Philipp Reclam jun. (Universal-Bibliothek 8933).

Inhalt

Der sternhelle Weg

Herkunft	7
Der Garten	7
Die Führer	8
Verliebter Fluß	9
Bäume	10
Oft	11
Heidentum	12
Sommergebet	13
Goldene Sonette	14
Winter	15
Schnee	16
Kalte Nacht	17
Der tote Lehrer	18
Diadem	19
Die Gasse	20
Regen	23
Herbst	24
Einblick	25
Späte Nacht	25
Mittag	26
Am Meere	27
Dämmerung	27
Der Nachtwandler	28
Perseus	29
Mein Sohn	30
Messalina	31
Verloren	33
Erklärung	33
Gesicht	34
Geheimnis	35

Wende	35
Weg	36
Landschaft	37
Das Lied vom Tierkreis	38

Das Nordlicht

Prolog	47
Die Vorsonne	49
Namenlos sind meine Lieder	50
Der Mond umfaßt die Glieder	51
Sahst du noch nie den Fall	52
Die Nacht ist eine Mohrin	52
Jacopo Bellini	55
Italien, deiner hohen Seelen Prozessionen	56
Zypressen gabs in meiner Kindheit	58
Nach Ruhe weht	59
Zwischen lauter lauten Unken	61
Mein Grab ist keine Pyramide	63
Schwäbische Madonna	65
Einsam	66
Die Efeuranke	67
Der Bernstein	68
Ein Lauschender auf blauer Au	69
Der Schaudernde	72
Die Nordlichtengel	73
Michelangelo	76

Hymne an Italien

Purpurschwere, wundervolle Abendruhe	83
Die Sterne. Blaue	84

Hesperien

Sowie die Sonne rot und sichtbar wird	87
Pastorale.	88

Mit silberner Sichel

Der jüngste Mond	93

Attische Sonette

Das Gebet	97
Wohlhabend	97
Aus Verlorenheit	98

Gesänge um Griechenland

Die vier Elemente	101
Der Brunnen.	105
Elefanten.	107

Can Grande della Scala

Dante spricht:	111

Die Treppe zum Nordlicht

Bei Bäumen magst du betteln.	117

Das Sternenkind

Das Sternenkind	123

Anhang

Harald Kaas
Aurora Borealis und Gnosis
Zur Dichtung Theodor Däublers 127
Zu dieser Auswahl 143
Bibliographie Theodor Däubler 145

Wiederentdeckte Dichter im Carl Hanser Verlag

Ernst Toller
Gesammelte Werke. Herausgegeben von Wolfgang Frühwald und John M. Spalek. Fünf Bände in Kassette. 1978. 1452 Seiten.

Jacob Haringer
Das Schnarchen Gottes und andere Gedichte. Herausgegeben von Jürgen Serke. 1979. 192 Seiten.

Max Herrmann-Neiße
Ich gehe, wie ich kam. Gedichte. Im Anhang: Die bürgerliche Literaturgeschichte und das Proletariat. Herausgegeben von Bernd Jentzsch. 1979. 160 Seiten.

Phantasien über den Wahnsinn
Expressionistische Texte. Herausgegeben von Thomas Anz. 1980. 176 Seiten.

Ernst Blass
Die Straßen komme ich entlang geweht. Sämtliche Gedichte. Herausgegeben und mit einem Nachwort von Thomas B. Schumann. 1980. 187 Seiten.

Berthold Viertel
Daß ich in dieser Sprache schreibe. Gesammelte Gedichte. Herausgegeben von Günther Fetzer. 1981. 192 Seiten.

Wilhelm Klemm
Ich lag in fremder Stube. Gesammelte Gedichte. Herausgegeben von Hanns-Josef Ortheil. 1981. 144 Seiten.

Die Dichter und der Krieg
Deutsche Lyrik 1914–1918. Herausgegeben von Thomas Anz und Joseph Vogl. 1982. 272 Seiten.

Paul Zech
Vom schwarzen Revier zur neuen Welt. Gesammelte Gedichte. Herausgegeben von Henry A. Smith. 1983. 157 Seiten.

Theodor Kramer
Orgel aus Staub. Gesammelte Gedichte. Auswahl Erwin Chvojka. Nachwort Hans J. Fröhlich. 1983. 170 Seiten.

Rudolf Leonhard
Prolog zu jeder kommenden Revolution. Gedichte. Ausgewählt von Bernd Jentzsch. 1984. 104 Seiten.

Bernd Jentzsch
Rudolf Leonhard »Gedichteträumer«. Ein biographischer Essay. 1984. 80 Seiten.

Hugo Sonnenschein (Sonka)
Die Fesseln meiner Brüder. Gesammelte Gedichte. Auswahl und Nachwort K.-M. Gauß und J. Haslinger. 1984. 160 Seiten.